Este libro sobre obtener  or libro y
el más útil de todos los ... Kendall.
Como siempre, R. T. ha ... yoría de
las personas no le prest... ...vertido
en una lectura de lo má... ...ones para creer que
podría ser su mejor obra son:

- Es intensamente *práctico*, y trata con una larga
  lista de asuntos y problemas de la vida y el ministerio que en realidad necesitan ser abordados.

- ¡Es íntimo y *personal*! R. T. se ha atrevido a
  mostrarnos aquí sus secretos más profundos, algo
  que nunca lo había escuchado compartir.

- Y, disculpe la aliteración, pero hay otra palabra más que queda aquí: este libro es *punzante*;
  es decir provoca ligeros sentimientos de dolor a
  medida que el autor se atreve a revelar heridas
  pasadas. En otros momentos provoca profundos
  remordimientos sobre nuestras propias heridas del
  pasado.

Para resumir, le diría: "¡Lea este libro! ¡Lo alentará, le advertirá
y lo desafiará a desear *Más de Dios* de una manera genuina!".
Gracias, R. T. ¡Lo has hecho de nuevo!

—JACK TAYLOR
DIMENSIONS MINISTRIES

Más de Dios es un clamor apasionado del corazón de alguien
que sabe que ir más profundo con Dios significa honrar su
Palabra y tener hambre por su Espíritu. La enseñanza de R. T.
es sabia y atractiva, pero sobre todo ha sido probada a través
de la experiencia de toda una vida de caminar con el Señor.

—PAUL HARCOURT
LÍDER NACIONAL DE NEW WINE

En su obra magistral, *Más de Dios*, R. T. Kendall reorganiza nuestras prioridades espirituales por medio de desafiar y alentar a los creyentes a buscar a Dios por quién es Él y no solo por lo que puede hacer. Este libro lo llevará más allá y más profundo a vivir una experiencia con el Dios único y verdadero.

—Dr. Tony Evans
Presidente de The Urban Alternative
Pastor principal de Oak Cliff Bible Fellowship

¡Creo que *Más de Dios* podría ser mi libro favorito de R. T. Kendall! Desde mis primeros días de mi caminar con Dios me he enfocado en obtener más de Él. Desearía haber tenido este libro hace cincuenta años para ayudarme a entender que hay una diferencia inmensa entre recibir más *beneficios de* Dios y abrazar más *a* Dios mismo. Lo animo a que esté a solas con este libro durante algunos días, y permita que el Espíritu haga la misma obra en usted que ha hecho en mí.

—Stephen Chitty
Pastor de Christian Life Church
Columbia, Carolina del Sur

MÁS
de
DIOS

R.T. KENDALL

CASA
CREACIÓN

Executive Dr., Carol Stream, IL 60188, Estados Unidos de América.
Todos los derechos reservados.

Originally published in the U.S.A. under the title:
More of God
Published by Charisma House, A Charisma Media Company,
Lake Mary, FL 32746 USA
Copyright © 2019 R.T. Kendall
All rights reserved

Copyright © 2019 por Casa Creación
Todos los derechos reservados

Visite la página web del autor: www.rtkendallministries.com

Traducción por: pica6.com (con la colaboración de Salvador
Eguiarte D.G.)
Diseño de la portada: Justin Evans
Director de diseño: Justin Evans

Library of Congress Control Number: 2018965541
ISBN: 978-1-62999-415-4
E-book ISBN: 978-1-62999-420-8

Impreso en los Estados Unidos de América
19 20 21 22 23 * 7 6 5 4 3 2 1

Para
Roger, Josh y Ricky

Le pido al Señor [...] que ustedes sean llenos
a la medida de toda la plenitud de Dios.
—Efesios 3:17, 19, NVI

CONTENIDO

PRÓLOGO

DESPUÉS DE HABER leído más de cuarenta libros escritos por el Dr. R. T. Kendall creo que he encontrado mi favorito. A través de sus escritos he aprendido a perdonar, manejar pruebas, orar, adorar, caminar en mi unción, no contristar al Espíritu Santo, vivir solo para su gloria y a la luz del juicio final y mucho más. Con cada libro me he asombrado de que el Espíritu Santo le haya dado a R. T. tanta iluminación.

Con este libro se vuelve claro que muchas de sus ideas en libros anteriores estaban preparando a los lectores paso a paso para llegar a este lugar para recibir *Más de Dios*, R. T. cita a A. W. Tozer cuando dice que podemos tener tanto de Dios como queramos. Mi experiencia ha sido que eso siempre requiere que dejemos ir las cosas de menor valor que podrían obstaculizarnos o tomar el lugar de Dios.

El Espíritu Santo está atrayendo a muchos a buscar a Dios en una manera fresca en este tiempo. Anhelamos ver un avivamiento en nuestra nación y una renovación en la iglesia. ¿Está experimentando esta atracción? Todo en este libro está diseñado para hacernos sentir más hambrientos y nos muestra el camino a recibir más de Él. ¡Dios es *real* y se ha hecho disponible a nosotros!

—JOY STRANG
DIRECTORA DE FINANZAS DE CHARISMA MEDIA

PRÓLOGO

ACABO DE LEER uno de los manuscritos más útiles y digeribles lleno de palabras sabias. Este libro tiene un fluir sencillo, hermosamente escrito, el cual cautiva al lector hacia el siguiente maravilloso capítulo. El lector siente que está siendo instruido por un experimentado pastor honorario y un popular orador itinerante.

Este libro es un compendio de consejos útiles que le están siendo susurrados suavemente al oído: sin condenación, puro ánimo. El libro contiene referencias frecuentes a la Escritura y mantiene al Señor en el centro de cada capítulo. R. T. ilustra algunos de los errores comunes que cometen los cristianos a través de divulgaciones francas de su propia experiencia con el fin de comunicar eficazmente su punto. El libro desafía muchas interpretaciones engañosas o malentendidos de la Palabra y algunas de nuestras prácticas defectuosas.

Escuché por primera vez a R. T. cuando dirigía algunas lecturas bíblicas en un congreso New Wine, una reunión anual de varios miles de personas compuesta principalmente por representantes de las iglesias de toda Gran Bretaña. Este manuscrito parece resumir lo mejor de todos sus muchos libros.

Espero que sea difundido en todo el mundo. Lamenté

haber llegado al final del libro ya que me dejó sintiendo que había estado solazándome en la presencia del Señor lo que pareció un largo y agradable tiempo a solas con Él. Se los recomiendo a los cristianos de todas partes. Dios los bendiga a todos.

—David Pytches
Exobispo anglicano de Chile (1958-1977)
Exlíder de St. Andrew's Church,
Chorleywood, Herts, Inglaterra

PRÓLOGO

H ACE POCO, EL Señor me habló y me dijo: «¡Amo al mundo!». Bueno, eso cautivó mi atención. «Porque de tal manera amó Dios al mundo...» (Juan 3:16). Yo conocía bien ese versículo, pero el Señor continuó: «Ellos saben que están perdidos, saben que me necesitan. Desearía que mi Iglesia supiera lo mismo porque podrían tener todo de Mí si así lo quisieran; pero tienen de Mí todo lo que desean». Y usted, ¿cuánto más desea de Dios?

En realidad, sentí que vino sobre mí una gran tristeza; pero no por mí, me sentí triste por el Señor, ya que no me dijo lo anterior con un tono de voz alegre. Apocalipsis 7:17 dice: «... y Dios enjugará toda lágrima de los ojos de ellos». Estoy seguro de que eso es cierto, pero es probable que Dios haya enjugado las lágrimas de todos, excepto las propias.

El Señor también me dijo: «El "mensaje amigable con los buscadores de espiritualidad" que la iglesia ha predicado produce más cizaña que trigo». Dios tampoco estaba demasiado feliz que digamos con eso. Pienso que en verdad rompe su corazón cuando recibimos la palabra de alguien más por sobre su Palabra. El salmista dijo que Dios ha engrandecido más su Palabra que su nombre (Salmos 138:2). Así que si el nombre del Señor está sobre todo nombre, ¿cuánto más honrará Dios en realidad su propia Palabra?

Muchas iglesias hoy desean con mayor intensidad tener más personas que más de Dios. El Espíritu Santo no puede ser controlado, y el control es algo que pocas personas están dispuestas a dejar. Estamos demasiado ocupados, nuestra vida es demasiado complicada como para tener más de Dios, de modo que lo reducimos a una cosa más con la cual lidiar. ¿Estamos dispuestos a entregar nuestro tiempo por tener más de Dios?

Predicamos lo suficiente de la Biblia como para mantener a la generación anterior sentada de manera cómoda sobre su «bendita seguridad», y luego viene el mensaje de autoayuda —cinco pasos para volverse un mejor (llene el espacio)—; el tipo de sermón que no ofende a los visitantes o a los miembros nuevos. Hermanos y hermanas, si pudiéramos ser salvos por leer un libro de autoayuda, entonces nuestro precioso Salvador murió por nada. La sangre de Jesús, el perdón de nuestros pecados y el poder de la Palabra de Dios son las únicas cosas en el cielo o en la Tierra que nos pueden salvar, cambiarnos, moldearnos y formarnos en vasos de honor, adecuados para el uso del Maestro (2 Timoteo 2:21).

¡Es raro en estos días escuchar un mensaje del poder de la resurrección, el poder de la sangre de Jesús, el poder que hay en su nombre o el gran poder y la bendición de orar en el Espíritu Santo! «Pero vosotros, amados, edificándoos sobre vuestra santísima fe, orando en el Espíritu Santo» (Judas 1:20). En especial lo que Dios nos envió como un regalo en Pentecostés —el día que nació la Iglesia con tal unidad de corazón— es lo mismo que el diablo ha utilizado durante dos mil años para dividir a la iglesia: el don de hablar en lenguas. Si el Señor se lo envió a ciento veinte personas porque sabía lo mucho que lo iban a necesitar en ese tiempo, entonces, ¿cuánto más necesitamos ese don ahora? ¡Señor, necesitamos más de tu Espíritu Santo! ¡Bautízanos en Espíritu Santo y fuego!

Vivimos en una sociedad que considera que lo más grande es mejor, por lo cual es necesario que más personas se unan a la iglesia simplemente para mantener las luces encendidas, pagar la renta del edificio y pagar por el nuevo sistema de sonido o el complejo deportivo. No hay nada malo con tener todas esas cosas, pero cuando esas cosas nos tienen a nosotros es cuando entramos en componendas. Jesús dijo: «Mas buscad primeramente el reino de Dios y su justicia, y todas estas cosas os serán añadidas» (Mateo 6:33).

Suelen haber dos opiniones con las que me enfrento todos los días: mi opinión y la opinión de Dios. He llegado a caer en cuenta de que a Dios no le importa mucho mi opinión; su opinión es lo único que importa. Él ya la estableció. «Para siempre, oh Jehová, permanece tu palabra en los cielos» (Salmos 119:89). Su santísima e infalible Palabra no se puede cambiar, sino solo cumplirse. Aquí de nuevo, ¿confiamos en su Palabra o en la de alguien más? Dios busca a alguien que esté de acuerdo con Él. Si usted quiere más de Dios en su vida, comience a concordar con su Palabra. ¡Ese es un gran primer paso! Hay un gran poder en el acuerdo. Lo que le importa al Señor es con quién nos ponemos de acuerdo. Piense en el huerto de Edén y lo rápido que Adán y Eva fueron engañados; se pusieron de acuerdo con la voz equivocada. Después de haber escuchado la voz de Dios desde el tiempo de la creación, con cuánta rapidez fueron engañados. El Señor les dijo a sus discípulos: «Mirad que no seáis engañados» (Lucas 21:8).

Juan el Bautista dijo: «Es necesario que él crezca, pero que yo mengüe» (Juan 3:30), y yo creo por completo que es cierto. Lo he visto en mi propia vida. Es poner a un lado nuestra voluntad, nuestra reputación, nuestro estatus en la sociedad, nuestra posición en la escalera del éxito, nuestros ministerios, nuestros amigos, nuestras familias, nuestros trabajos; lo que sea que nos estorbe para proseguir en tener más de Dios. Porque, no importa cuanto de Dios tenga cualquiera de nosotros en este momento, hay cien veces más que podemos tener. No tenemos porque no pedimos. ¡Y no pedimos porque no queremos! ¿En verdad queremos más de su poder y de su presencia en nosotros? ¿Estamos dispuestos a que nuestro ego quede en bancarrota para tener más de Dios?

> Y como [Enoc] anduvo fielmente con Dios, un día desapareció porque Dios se lo llevó.
>
> —GÉNESIS 5:24, NVI, CORCHETE AÑADIDO

Creo que Enoc tenía tal hambre por Dios y tal comunión con el Padre que ya no había nada más que Enoc pudiera tener; el Señor simplemente lo consumió. Eso sucedió en el Antiguo Testamento, y tenemos un todavía   mejor pacto de este lado de la cruz. «Mira que estoy a la puerta y llamo. Si alguno oye mi voz y abre la puerta, entraré, y cenaré con él, y él conmigo» (Apocalipsis 3:20).

Estaba viendo la famosa pintura de Warner Sallman donde está Jesús de pie y que llama a la puerta, y un amigo mío me dijo: «¿Ves algo poco usual en la puerta?».

La miré un rato y entonces lo encontré. Le dije: «Sí, no tiene picaporte por fuera».

Me dijo: «Así es. La única manera de abrir esa puerta es desde adentro».

Si no queremos invitar a pasar al Señor, entonces no lo hará. Él solo viene donde es invitado. ¿Estamos dispuestos a abrirle la puerta de nuestro corazón al Rey de reyes? Qué honor que venga a visitarnos. Le abriríamos la puerta a cualquier conocido; ¿por qué no le abriríamos a Jesús? Quizá porque nuestra casa está un poco desordenada, o es probable que haya algunas cosas fuera de su lugar que nos avergonzaría que el Señor viera; como si no las viera de todos modos. «¿Dónde está mi Biblia? Sé que está aquí en alguna parte». Dios nos ha enviado la invitación para una visitación. En este momento, mientras usted lee estas líneas, ¿lo dejará entrar? ¡Una palabra del Señor es mayor que un millón de palabras humanas!

> Mis ovejas oyen mi voz, y yo las conozco, y me siguen.
>
> —JUAN 10:27

¿Será posible en este día y en este tiempo estar tan consumidos por la presencia del Señor que ya no quede nada de nosotros, sino solo el Señor? Creo que es posible. «Todas las cosas son posibles para Dios» (Marcos 10:27).

Creo que el Señor Jesucristo dio su vida por nosotros de modo que tengamos el mismo tipo de relación con el Padre que Él tuvo. Le puedo decir, que todavía no estoy allí.

Jesús, su presencia, su naturaleza, su vida, su Espíritu, su amor, su misericordia, su perdón, su gentileza, su paciencia, su amabilidad, su valentía por causa del evangelio, su corazón por los perdidos, su celo por su Palabra, su celo por su pueblo y su celo por su gloria: estás son las cosas por las que vale la pena pelear; estas son las cosas que pueden darnos más de Dios. Estas cosas están enfocadas en el Señor y en su naturaleza. Cuando el mundo ve que demostramos estas cosas, que andamos en ellas en nuestra vida diaria y vivimos de manera intencional en la semejanza de Cristo en todo lo que decimos o hacemos, entonces los perdidos querrán ser encontrados. ¿Quiere más de Dios? Por supuesto que yo sí. Necesito más de Él y menos de mí.

R. T. Kendall ha escrito libros que son bastante adecuados para los tiempos en los que nos encontramos. Y este libro, *Más de Dios*, está justo a tiempo también. Escuché a un amigo mío, un hombre que fluye en lo profético, decir: «Dios viene a nosotros antes de venir por nosotros». Creo que eso es cierto. Quiere venir a nosotros y llenarnos, no solo con su Espíritu en nuestro interior al ser salvos, sino con la presencia tangible de Dios en lo externo. Esto es lo que hace que la atmósfera cambie a nuestro alrededor. ¡Cuando Él se presenta, las cosas cambian! Cuando Él se presenta, el diablo desaparece. Eso es bueno.

Creo que todavía se tiene que cumplir Joel 2:28. El Día de Pentecostés, cuando el Señor derramó su Espíritu en el aposento alto, Pedro dijo: «Mas esto es lo dicho por el profeta Joel» (Hechos 2:16). Y continuó y citó la escritura de Joel: «Derramaré de mi Espíritu sobre toda carne» (v. 17). ¡Todos los que estuvieron en ese aposento definitivamente quedaron batidos por el Espíritu Santo! Pero la Escritura dice *toda carne*; no solo los ciento veinte salvos que oraban y ayunaban por la promesa del Ayudador, el Espíritu Santo. Creo con todo mi corazón que la Palabra de Dios quiere decir lo que dice y que dice lo que quiere decir. Y la Palabra dice: *toda carne*. Ahora bien, eso me dice que hay personas que no son salvas quienes recibirán un derramamiento del Espíritu Santo cuando Dios decida cumplir esa escritura. Es su Espíritu; lo derramará sobre toda carne cuando quiera, y más nos vale no discutir con el Señor acerca de quién es digno de su Espíritu y quién no. Me parece que el Señor prepara a su iglesia para recibir a esas personas llenas y salvas de una manera nueva —hijos, hijas, siervas y siervos: toda carne—. Ahora bien, ¿todos recibirán su Espíritu? No lo sé. De dos ladrones en la cruz, uno recibió su amor y encontró perdón y un lugar en el paraíso, mientras que el otro blasfemó en su cara y no quiso recibir el don del perdón. Es la condición del corazón. Muchos en la iglesia enfrentan la misma pregunta; ¿cuál de las dos será? ¿Nos humillaremos y encontraremos gracia y misericordia, porque sabemos que no podemos hacer nada para ganar nuestra salvación o nos alejaremos de Él como el otro ladrón? Sé que tenemos que estar listos para ministrar amor a estas personas cuando nos pregunten: «¿Qué rayos fue lo que me pasó?». Será como limpiar pescado, ¡un trabajo sucio y apestoso! Pero por el gozo que hay en el cielo cuando una persona viene al Señor Jesús vemos que todo esto vale la pena para Él. «Les digo que así mismo se alegra Dios con sus ángeles por un pecador que se arrepiente» (Lucas 15:10, NVI). Por eso necesitamos más de Dios, porque no solo es para nosotros, es por la cosecha. ¡El avivamiento viene! Esta será la mejor hora de la Iglesia. Algunos piensan que los mejores días de la Iglesia ya han pasado. Eso es lo que el enemigo quiere que usted piense, pero Jesús llamó al diablo «el padre de mentira» (Juan 8:44).

¿Queremos más de Dios o más de sus beneficios? Creo que ha sido un Dios paciente y longánimo para soportarnos como lo ha hecho. Usted sabe con todo lo que hay en su interior que las cosas de este mundo están cambiando. Como creyentes cristianos nos atacan por nuestra fe no solo en países extranjeros, sino aquí mismo en nuestro propio patio trasero. Pero el Señor está usando cada parte de estos ataques con el fin de fortalecernos para las batallas que vienen por delante. No nos está haciendo esto, lo está haciendo por nosotros, por nuestro propio bien y por el bien del reino.

Vamos por más y más de Dios. Él lo quiere más que nosotros. Le encanta la travesía con nosotros. Creo que extraña a personas como Enoc y Adán y Eva quienes caminaron con Él y tenían una relación con Él. No es un Dios solitario, pero le encanta estar a solas; ¡con nosotros!

—RICKY SKAGGS
MIEMBRO DEL SALÓN DE LA FAMA DE LA MÚSICA COUNTRY,
MIEMBRO DEL SALÓN DE LA FAMA DE MÚSICA GOSPEL Y
GANADOR DEL PREMIO GRAMMY

PREFACIO

HE ESCRITO ESTE el libro para el cristiano. Aunque ciertamente no le hará ningún daño si usted no es cristiano, he escrito esto para los que han sido justificados por la fe en la sangre de Jesucristo. Mi suposición, por lo tanto, es que usted, el lector, es salvo: sus pecados han sido perdonados y ha pasado su confianza de las buenas obras a lo que Jesucristo ha hecho por usted en la cruz, y sabe que irá al cielo cuando muera.

Con eso en mente he buscado mostrar en este libro cómo puede obtener más de Dios.

Le dedico este libro a los miembros de mi junta directiva —Roger Perry, Josh Hankins y Ricky Skaggs—, todos ellos residentes de Hendersonville, Tennessee. Dios ha sido muy generoso con Louise, T. R. y yo, al darnos personas como ellos para ayudar a gobernar mi ministerio.

Mi agradecimiento, como siempre, a Steve y Joy Strang de Charisma Media por publicar este libro y especialmente a Debbie Marrie, mi editora, por su sabiduría. Pero mi deuda más profunda es con Louise: mi mejor amiga y crítica.

—R. T. KENDALL
MAYO 2018

Capítulo 1

¿MÁS *BENEFICIOS DE* DIOS O MÁS *DE* DIOS?

… porque yo soy Jehová tu Dios, fuerte, celoso…
—ÉXODO 20:5

¿QUIERE MÁS DE Dios o quiere obtener más *beneficios de* Dios?

Si usted es como muchas personas en la iglesia de hoy, prefiere obtener más *beneficios de* Dios que más *de* Dios. Querer más *de* Dios es desearlo por quién es Él en sí mismo. Pablo oró que los efesios pudieran ser "llenos de toda la plenitud de Dios" (Efesios 3:19). Querer más *beneficios de* Dios es *usarlo* para lograr sus metas. Querer más *de* Dios es participar de la "naturaleza divina, habiendo huido de la corrupción que hay en el mundo a causa de la concupiscencia" (2 Pedro 1:4). Querer más *beneficios de* Dios es buscarlo para obtener lo que usted desea. En su sermón "Tu Dios contra el Dios de la Biblia", Rolfe Barnard (1904-1969) afirmó que la mayoría de la gente de hoy utiliza a Dios "como un granjero usa una vaca lechera": lo usan para lo que pueden obtener sin importarles quién sea Él.[1]

Hay una línea delgada entre querer más *de* Dios y querer más *beneficios de* Dios. Los dos pueden traslaparse fácilmente. Lo que es más, si oro por más *de* Dios, de hecho estoy pidiendo por más *beneficios de* Dios; es decir que pueda obtener más *de* Él como un *beneficio* que me extiende. Y no solo eso: "Engañoso es el corazón más que todas las cosas, y perverso; ¿quién lo conocerá?" (Jeremías 17:9). No es fácil llegar al fondo de nuestros motivos verdaderos. ¿*Por qué* quiero más *de* Dios? ¿Será para obtener más *beneficios de* Él? ¿En qué me puede ayudar tener más *de* Dios? ¿Por qué querría más *de* Dios? O, ¿*debería* querer más *de* Dios?

Una vez hechas estas preguntas, quiero argumentar el caso en este libro de que querer más *beneficios de* Dios puede ser muy distinto a querer más *de* Él.

- Querer más *de* Él significa que usted lo desea por Él mismo; querer más *beneficios de* Él significa que usted quiere ciertas cosas que Él podría concederle.

- Querer más *de* Él es enfocarse en cómo es Él; querer más *beneficios de* Él es enfocarse en lo que Él puede hacer por usted.

- Obtener más *de* Él es conocer mejor su Palabra y tener más de su Espíritu; obtener más *beneficios de* Él es usarlo para lograr sus metas.

- Obtener más *de* Él es conocer quién es Él; obtener más *beneficios de* Él es enfocarse en usted mismo.

- Tener más *de* Él es dignificar su voluntad; obtener más *beneficios de* Él es dignificar su propia agenda personal.

Recuerdo haber cuestionado la sabiduría de un viejo amigo —Lynn Green— hace muchos años por ir a una iglesia para que oraran por él cuando la Bendición de Toronto (como la llamaba la gente) estaba comenzando a florecer. Su amable respuesta me puso en mi lugar: "Quiero todo lo que pueda tener de Dios". Nunca lo olvidé. Pensé: "Un deseo como ese no puede estar mal". Comencé a preguntarme si quería más de Dios tanto que estaría dispuesto a tragarme mi orgullo e ir adonde fuera para obtener más de Dios.

Luego me pregunté: "¿Realmente quiero más de Dios? ¿Y quiero todo lo que pueda obtener de Dios?". ¡A. W. Tozer (1897-1963) dijo que podíamos tener tanto de Dios como quisiéramos! He meditado en esa afirmación durante muchos años.

LA PREGUNTA CRUCIAL

¿Podemos realmente tener tanto de Dios como queramos? Buena pregunta. Pero esa no es la pregunta más importante. La pregunta crucial es: ¿qué es lo que Dios mismo quiere para nosotros? ¿Qué quiere que deseemos? ¿Quiere que deseemos tener más *de* Él o nos alienta a pedir más *beneficios de* Él? ¿O se nos da más *de* Él principalmente para que podamos satisfacer nuestras necesidades deseos y metas personales? ¿Y si nuestras metas no son consistentes con sus planes para nosotros?

La pregunta se reduce a esto: ¿por qué Dios se nos ha revelado? Es, por supuesto, principalmente para salvarnos y asegurarnos que iremos al cielo cuando muramos. Pero hay más. Cada cristiano es llamado a tomar su herencia. Algunos lo hacen; otros no. Si tomaremos nuestra herencia puede ser puesto a la luz de si queremos más *de* Dios o más *beneficios de* Dios.

FUNDAMENTO Y SUPERESTRUCTURA

La seguridad de la salvación es el fundamento para llegar a conocer a Dios. Estar sobre ese cimiento significa que podemos después construir una superestructura. La calidad de nuestra superestructura determinará nuestra recompensa en el tribunal de Cristo (2 Corintios 5:10). Cómo veremos a mayor detalle Pablo usa metáforas para mostrar que la calidad de la superestructura de uno está basada en los materiales de construcción (1 Corintios 3:12). La superestructura compuesta de oro, plata y piedras preciosas —la cual sobrevive el fuego del juicio— es determinada por si queremos más *de* Dios. La superestructura hecha de madera, heno y hojarasca —la cual se quema en el fuego del juicio— viene por solamente querer más *beneficios de* Dios.

Como Dios se nos ha revelado, Él quiere que lo conozcamos como es Él por sí mismo; y quiere que queramos más *de* Él. De eso se trata este libro.

No obstante, hay quienes enseñan que Dios existe para que nosotros principalmente lo *usemos*. Tal enseñanza es altamente atractiva. Con frecuencia motiva a más personas que ninguna otra. Le atrae a nuestra naturaleza carnal. Lo triste es que hay muchas personas buenas a quienes, como consecuencia, nunca se les enseña a considerar la posibilidad de que Dios se ha revelado a nosotros para que *lo podamos conocer como es*, aparte de hacer cosas por nosotros. Tal pensamiento es difícil que se encuentre en la pantalla de su radar. Por lo tanto, la premisa de que Dios está ahí para conocerlo y tener más de Él —aparte de hacer cosas por nosotros— es extraña para algunos.

"DECLÁRELO Y RECLÁMELO"

Hace unos años Louise y yo consideramos mudarnos de Hendersonville, Tennessee, al centro de Nashville, Tennessee. Encontramos un encantador apartamento y queríamos vivir allí. Pero había obstáculos.

Para ayudarnos a vencer los obstáculos, una dama cristiana bien intencionada insistió en que fuéramos al mismo edificio y oráramos allí. "Si usted quiere este apartamento, puede tenerlo. *Reclámelo como suyo* en el nombre del Señor", dijo con confianza. Se ofreció para acompáñanos. "Vamos al edificio mismo para orar allí y lo obtendrán", prometió.

Yo no me sentía cómodo con esta línea de pensamiento, pero en parte con la intención de agradar a esta dama sincera, y parte con la esperanza de que quizá yo había sido testarudo y me podría perder de algo que su teología nos ofrecía, fuimos a la planta baja del edificio. Ella oró, y nosotros oramos con ella, reclamando la promesa de: "Si dos de vosotros se pusieren de acuerdo en la tierra acerca de cualquiera cosa que pidieren, les será hecho por mi Padre que está en los cielos" (Mateo 18:19). Resultó que alguien más obtuvo ese hermoso apartamento un día o dos después, y renunciamos a nuestro deseo de mudarnos por el momento.

Esta dama era de alguna manera típica de quienes aferran a una teología de "declárelo y reclámelo" también conocida como la mentalidad de "créalo y recíbalo". Estas frases son descripciones bastante adecuadas de cierta enseñanza que sugiere que uno puede tener casi cualquier beneficio que uno quiera de Dios. Declárelo —un mejor empleo, un coche nuevo, sanidad— y luego reclámelo. Crea que es suyo y lo obtendrá.

Este "evangelio de la prosperidad", como algunos lo llaman, atrae a muchas personas quienes viajan grandes distancias para asistir a congresos anuales para escuchar la exposición de esta enseñanza basada sobre escrituras selectas. Como resultado, muchos pastores —incluyendo a ciertos predicadores de la televisión— han hecho de ella su enfoque central y basan su enseñanza en esta interpretación de la Biblia.

Con frecuencia se reduce a esto: dinero y posesiones materiales. Dios quiere que usted tenga estas cosas, dicen estos predicadores. Algunos ven esta perspectiva en casi cada versículo de la Biblia e incluso afirman que es la razón principal por la que Jesús murió por nosotros. Puede entender por qué esta enseñanza es atractiva.

La dama que oró con Louise y conmigo ha sido bien enseñada. Su pastor la admira mucho. Ella también es altamente inteligente —es profesora de una universidad reconocida de Nashville— y estaba segura de que Dios nos daría ese apartamento.

¿Qué hay para Dios en eso?

La era de "¿Qué hay para mí en eso?" se ha convertido en el fundamento equívoco de muchos en la iglesia de hoy. La pregunta de "¿Qué hay para Dios en eso?" es difícil que se mencione. A la gente parece no importarle qué hay para Dios en las cosas. La idea misma no les ha cruzado por la mente. ¿A quién le importa?

A mí. Por eso escribí este libro.

Cuando Dios les dio los Diez Mandamientos a los hijos de Israel en el monte Sinaí hace tres mil cuatrocientos años se identificó como un Dios "celoso". De hecho, dijo: "... yo soy Jehová *tu* Dios, fuerte, celoso..." (Éxodo 20:5, énfasis añadido). El Dios que habló así era el Dios de Israel. Eso significa que es *nuestro* Dios. Todos nosotros somos el "Israel de Dios" (Gálatas 6:16). Con tanta seguridad como que usted ha recibido a Jesucristo como su Señor y Salvador, el Dios de la Biblia es *su* Dios. Usted le pertenece. Y lo ama con un afecto celoso. Me encanta. Algunas personas lo odian. ¿Por qué lo odiarían? ¿No es fantástico que el Dios Todopoderoso nos ame tanto?

No obstante, también significa que quiere que su voluntad para nosotros sea respetada, honrada, obedecida, y cumplida en nosotros. Dios ama a cada persona como si no hubiera nadie más a quien amar, dijo San Agustín (354-430), y tiene un plan para cada uno de nosotros como si no hubiera nadie más para quien planear.[2]

Dicho de otra manera, Dios tiene una opinión sobre todo. Medite en eso por un momento. Dios tiene una opinión sobre todo. ¡El problema es que no siempre queremos opinión! ¡Tememos que pueda ser distinta a la nuestra! La verdadera sabiduría es obtener la opinión de Dios; y seguirla sin reservas.

Doxa, la raíz griega para gloria significa "opinión". El celo de Dios también es su gloria. La gloria es el total de todos sus atributos. Su gloria es su opinión. Según Pablo hemos sido "predestinados conforme al propósito del que hace todas las cosas según el designio de su voluntad, a fin de que seamos para alabanza de su *gloria*..." (Efesios 1:11-12, énfasis añadido).

Dios quiere que lo *conozcamos*. Según Jesús la vida eterna es conocer a Dios. Le dijo a su Padre —quién es nuestro Padre—: "Y esta es la vida eterna: que te conozcan a ti, el único Dios verdadero, y a Jesucristo, a quien has enviado" (Juan 17:3).

Algunos piensan que Dios principalmente quiere que lo *usemos*. Hay un lugar para ello, por supuesto que lo hay, y lo veremos con claridad en este libro, pero debe *ser consecuencia* de conocer a Dios.

Primero, debemos conocer bien al Dios de la Biblia y estimar conocerlo más que desear riquezas y gloria personal. Algunas personas presentan a Dios sobre la base de que principalmente quiere que lo usemos para obtener lo que nosotros queremos. Lo triste es que han pasado por alto el corazón de Dios y están empobrecidos de manera incalculable.

Conocer a Dios es afirmarlo por ser como es; incluyendo qué es un Dios celoso. Así que, cuando oramos por más de Dios, lo aceptamos con gusto tal como es. Invariablemente significa aceptar no solo su Palabra y sus caminos, sino también su voluntad. "Por tanto, no seáis insensatos, sino entendidos de cuál sea la voluntad del Señor" (Efesios 5:17).

Algo esencial para conocer al Dios de la Biblia es abrazar el hecho de que tiene voluntad propia. No nos toca cambiar su voluntad; es nuestra obligación descubrir cuál es su voluntad y llevarla a cabo. Los que se acercan a Dios principalmente para cambiar su voluntad —incluso si no es de manera intencional— muestran falta de respeto a su soberanía. Al parecer, quieren cambiar su voluntad porque suponen que tienen una mejor idea que Dios.

Dios tiene voluntad propia y un plan para cada uno de nosotros. No nos busca para conocer nuestra opinión. Su

Palabra —las Santas Escrituras— revela su voluntad. Es una voluntad inmejorable. Lo que tiene en mente es infinitamente mejor que cualquier cosa que podamos idear. No podemos mejorar lo que Él ya tiene en mente. "Porque sol y escudo es Jehová Dios; gracia y gloria dará Jehová. No quitará el bien a los que andan en integridad" (Salmos 84:11). En pocas palabras, Dios solo quiere lo mejor para nosotros. Somos necios si tratamos de "mejorar" lo que Dios tiene en mente.

GNOSTICISMO

Los antiguos gnósticos estaban entre los mayores enemigos del verdadero evangelio de Jesucristo. La palabra *gnóstico* proviene del griego *gnosis* (conocimiento). Los gnósticos propusieron una nueva manera de conocer. Era una enseñanza peligrosa.

Se infiltraron en la iglesia (Judas 4). Su presencia era como un cáncer en el Cuerpo de Cristo. Halagaban a los cristianos, alabándolos por las cosas buenas que creían. Pero les dijeron a los cristianos que ellos harían su fe todavía mejor y que deberían escucharlos. Donde quiera que los gnósticos tenían éxito la fe cristiana se debilitaba y con el tiempo desaparecía; esa es la táctica del diablo.

Los gnósticos, de hecho, odiaban al verdadero Dios y a su Hijo Jesucristo. Su promesa para "mejorar" la fe cristiana era una mentira de lo más profundo del infierno. La verdad es que la fe cristiana "que ha sido una vez dada a los santos" (Judas 3) es inmejorable. Es perfecta.

Así también es la voluntad de Dios. Los que tratan de mejorarla están engañados y lo engañarán también a usted. La voluntad de Dios es buena, agradable y perfecta

9

(Romanos 12:2). No trate de mejorarla; acéptela y ajústese a ella; esa es verdadera sabiduría.

Adquiere sabiduría, adquiere inteligencia; no te olvides ni te apartes de las razones de mi boca; no la dejes, y ella te guardará; ámala, y te conservará. Sabiduría ante todo; adquiere sabiduría; y sobre todas tus posesiones adquiere inteligencia. Engrandécela, y ella te engrandecerá; ella te honrará, cuando tú la hayas abrazado. Adorno de gracia dará a tu cabeza; corona de hermosura te entregará.

—PROVERBIOS 4:5-9

La sabiduría no tiene nada que ver con el coeficiente intelectual de una persona, su cultura, crianza o educación. Está al alcance de cada uno de nosotros. Comienza con el temor del Señor (Proverbios 1:7; 9:10). Es tan sencillo como eso. Si tememos a Dios, evitaremos muchos problemas en el camino. Si tememos al Señor más de lo que tememos al hombre —lo cual es una trampa (Proverbios 29:25)—, obtendremos verdadera sabiduría. No tendremos remordimientos. No nos perderemos de lo que Dios tiene en mente para nosotros.

Dicho lo cual, observe estas palabras: "Sobre todas las cosas, adquiere discernimiento" (Proverbios 4:7, NVI). ¿Qué quiere decir esto? ¿Tenemos que pagarlo con dinero? ¡Eso significaría que los ricos podrían obtenerlo rápido, pero nosotros quizá nunca lo obtengamos! ¡Buenas noticias! No cuesta dinero. En ese sentido es gratis.

Pero sí tiene un costo. Nos cuesta nuestro orgullo y reputación. Significa que algunas veces tendremos que vernos ridículos, resistir la tentación, abandonar planes personales y renunciar a amistades y relaciones que no honran a Dios.

Pero vale la pena el costo. La guirnalda de gracia sobre nuestra cabeza lo vale todo. Viene a todos los que estiman la voluntad de Dios por encima de la alabanza de la gente. Obtener sabiduría —obtener más de Dios— nos cuesta todo y, no obstante, es gratuito.

> A todos los sedientos: Venid a las aguas; y los que no tienen dinero, venid, comprad y comed. Venid, comprad sin dinero y sin precio, vino y leche. ¿Por qué gastáis el dinero en lo que no es pan, y vuestro trabajo en lo que no sacia? Oídme atentamente, y comed del bien, y se deleitará vuestra alma con grosura. Inclinad vuestro oído, y venid a mí; oíd, y vivirá vuestra alma; y haré con vosotros pacto eterno, las misericordias firmes a David. He aquí que yo lo di por testigo a los pueblos, por jefe y por maestro a las naciones. He aquí, llamarás a gente que no conociste, y gentes que no te conocieron correrán a ti, por causa de Jehová tu Dios, y del Santo de Israel que te ha honrado.
>
> —Isaías 55:1-5

Hace unos años estaba leyendo mi Biblia en un avión de Nueva York a Miami, Florida. Cuando mis ojos cayeron en las palabras de Moisés en Éxodo 33:13, un versículo que había leído incontables veces, quedé frío de la cabeza a los pies. ¡Lo gracioso es que era una petición para obtener un *beneficio de* Dios! ¿Y qué supone usted que era?

> Ahora, pues, si he hallado gracia en tus ojos, te ruego que me muestres ahora tu camino, para que

te conozca, y halle gracia en tus ojos; y mira que esta
gente es pueblo tuyo.

—ÉXODO 33:13

Estos son los antecedentes. Dios le había dicho a Moisés
que estaba agradado con Él. La implicación era que Moisés
ahora estaba en una posición para negociar con Dios; si Dios
estaba agradado con él, Moisés ahora podía pedir cualquier
cosa y obtenerla. ¿Y qué fue lo que pidió Moisés? ¿Riquezas?
¿Una larga vida? ¿Juicio sobre sus enemigos? ¿Gloria personal o vindicación? Ninguna de estas. Su petición fue: "Te
ruego que me muestres ahora tu camino". Esto fue lo que
pidió: conocer el camino de Dios.

Todos tenemos nuestros caminos. Mi esposa conoce mis
maneras; y yo conozco las suyas. Mis amigos cercanos conocen mis caminos; quizá no admiren todas mis maneras, pero
estos comportamientos y hábitos reflejan quién soy.

Dios tiene sus caminos. Le gusten o no, tiene sus caminos.
Dios es quien es y sus caminos no cambiarán (Malaquías
3:6). Sus caminos reflejan cómo es Él por sí mismo: su
persona, su carácter, sus atributos. Dios se lamentó del Antiguo Israel: "No han conocido mis caminos" (Salmos 95:10,
Hebreos 3:10). Dios quería que Israel conociera sus caminos.

- Cuando Moisés estuvo en posición de pedirle
  a Dios cualquier cosa, pidió conocer los caminos de Dios.

- Cuando Salomón fue invitado a pedir cualquier cosa, escogió sabiduría (1 Reyes 3:9; 2
  Crónicas 1:10). A Dios le agradó esta petición.

Después de haber leído Éxodo 33:13, y de haber pensado en la petición de Salomón, comencé a preguntarle a diferentes personas: "Si pudieras pedirle cualquier cosa a Dios, y supieras que la obtendrías, y que Dios no te la retendría sin importar cuál fuera la petición, ¿qué pedirías?". Recibí respuestas como una buena salud, una vida larga y ganar la lotería. Una respondió: "Que mi hija regresé al Señor"; una petición piadosa.

¿Qué pediría si pudiera tener cualquier cosa? Cuando Jesús podía haber pedido cualquier cosa, oró por nosotros. Vimos que reveló lo que es la vida eterna; es decir, que conociéramos al Dios verdadero y a su Hijo Jesucristo (Juan 17:3). Jesús, de hecho, ya oró por nosotros. Que seamos cristianos es una respuesta directa a su oración en Juan 17. Él quiere que conozcamos a su Padre y a Él mismo.

El anhelo más profundo de Pablo era este: "Lo he perdido todo a fin de conocer a Cristo, experimentar el poder que se manifestó en su resurrección, participar en sus sufrimientos y llegar a ser semejante a él en su muerte" (Filipenses 3:10, NVI). Esta es la manera de Pablo de decir que quiere más de Dios.

Es, por lo tanto, la voluntad de nuestro Señor Jesucristo que conozcamos a Dios. Quiere que conozcamos sus caminos. Quiere que *queramos* conocer sus caminos. Esto significa que quiere que queramos más de Él. Esto también significa que está dispuesto a concedernos más de Él.

¿Por qué quedé frío cuando leí Éxodo 33:13 como si fuera la primera vez? Fue porque yo no había pedido esto. He pedido otras cosas, y probablemente no eran tan malas, como querer una doble unción, pero pedir una doble unción puede ser muy interesado y egoísta. Pero cuando vi lo que Moisés quería —y vi quién era Moisés y la persona a quien Dios usó— me sentí completamente avergonzado. Me avergüenza admitir que hasta ese momento no me había cruzado por la mente pedir conocer los caminos de Dios. Caí en cuenta de lo poco que conocía a Dios, y comencé a orar que de alguna manera Dios pudiera compensar los más o menos cincuenta años anteriores que no había orado así.

"¿Será demasiado tarde para conocer los caminos de Dios?", pregunté. Espero que no. Porque es lo que todavía pido ahora. Estoy haciendo un gran énfasis en buscar más *de* Dios en lugar de buscar más *beneficios* suyos. Si después de todo lo que he escrito, todavía ora para recibir más *beneficios de Dios*, gloria a Dios. El asunto es recibir de Él lo que es agradable a Él; sin olvidar que es un Dios celoso.

Más de Dios es el título de este libro porque espero que apele a las personas que genuinamente quieren más de Dios. Y fervientemente le pido al Señor que le dé hambre por más de Dios, y que lo lleve a obtener más de Dios.

Los que me escuchan predicar saben que casi siempre comienzo un sermón con la oración de que el Espíritu Santo rocíe a los presentes con la sangre de Jesús. Quiero estar seguro, tanto como pueda, de que los que me escuchen reciban lo que diga sin malentendidos o malas interpretaciones, y que sea claro y simple. Quizá quiera saber que también oro casi todos los días que el Espíritu Santo rocíe la mente de todos los lectores de mis libros con la sangre de Jesús. Por lo tanto, confío que Dios está respondiendo mi oración por usted a medida que lee este libro. Busco ser sencillo y claro. Y anhelo bastante que usted desee más de Dios y obtenga más de Dios.

Capítulo 2

¿MÁS *ACERCA DE* DIOS
O MÁS *DE* DIOS?

*... ¿cuánto más vuestro Padre celestial dará
el Espíritu Santo a los que se lo pidan?*
—Lucas 11:13

SÉ QUE PARECE injusto decir esto, pero tener más de Dios, es para mí imposible describirlo de tal forma que cualquiera pueda verdaderamente comprenderlo. Uno puede ciertamente intentarlo, por supuesto, y de alguna forma intenté hacerlo en mi libro *La presencia de Dios*. Pero describir objetivamente lo que podría suceder subjetivamente —cuando se trata de más de Dios mismo— va más allá de mi nivel de habilidad para escribir. Dios es más grande que cualquier cosa que podamos decir acerca de Él. Su presencia es más asombrosa que cualquier cosa que podamos decir acerca de ella. En otras palabras, fallan las palabras.

Quizá pregunte: "¿Por qué escribir acerca de ello si no se puede describir *más de Dios*?". Respondo: "Quiero que este libro lo haga tener hambre". Ese es mi propósito. La Palabra de Dios genera hambre y sed por más de Él. Si soy fiel a su palabra en este libro, el resultado será

15

(1) que tendrá más hambre y sed *en usted* a medida que lea; y (2) en algún momento u otro experimentará por sí mismo cuán real es Dios. Usted tiene esta promesa de Jesús: "Dichosos los que tienen hambre y sed de justicia, porque serán saciados" (Mateo 5:6, NVI). Eso significa que quedará satisfecho. Nadie necesita decirle si el agua que usted bebió cuando estaba sediento lo hizo sentir mejor. Sucede lo mismo con experimentar a Dios, y más de Dios.

Eso es todo lo que quiero que obtenga de leer este libro: que experimente a Dios. Cuando eso suceda, lo sabrá. No tendrá que preguntar: "¿Estoy ahora experimentando más de Dios?". Mientras lo tenga que preguntar, todavía no ha experimentado a Dios.

> ¿Pero para los que lo encuentren? Ah, pues esto:
> Ni lengua ni pluma pueden mostrar;
> Qué es el amor de Jesús,
> Nadie sino solo sus amados saben.[1]
> —BERNARDO DE CLARAVAL (1091-1153)

No hay letrero en el noroeste de Arizona que diga: "*Este* es el Gran Cañón". No hay letreros en Suiza que digan: "Usted ahora ve los Alpes Suizos". Nunca olvidaré la primera vez que los vi: estaba asombrado. Ninguna fotografía o pintura retrata con exactitud cómo son o lo que le hacen sentir. Necesita estar allí y verlos de primera mano. Es como estar acalorado, sudoroso y sediento un húmedo día de agosto, y entonces comenzar a beber agua fría. ¡Nadie tiene que decirle cómo se siente en ese momento!

Tener más de Dios es así.

Es el punto principal de todos los libros de la Biblia. Dios nos dio los treinta y nueve libros del Antiguo Testamento y los veintisiete libros del Nuevo Testamento para que pudiéramos experimentar a Dios mismo. De los veintisiete libros del Nuevo Testamento, todos fueron escritos para que uno pueda obtener más de Dios; no solo para saber más *acerca de* Él, sino para *experimentarlo.* Dicho lo cual, es importante conocer más acerca de Él. Me encanta el himno "Más acerca de Jesús".

> Me encantaría saber más acerca de Jesús,
> Mostrar más de su gracia a los demás;
> Ver más de su plenitud salvadora,
> Más del amor del que murió por mí.[2]
> —Eliza E. Hewitt (1851-1920)

Quiero conocer más y más acerca de Jesús; no con la idea de obtener nueva información o por el motivo de usar tal conocimiento; quiero conocer cómo es Jesús. Solo conocerlo. Sentirlo. Reconocerlo. Escucharlo hablar, sin importar lo que tenga que decir. Lo que provenga de sus labios es suficientemente bueno para mí; como María sentada a los pies de Jesús.

> Aconteció que yendo de camino, entró en una aldea; y una mujer llamada Marta le recibió en su casa. Esta tenía una hermana que se llamaba María, la cual, sentándose a los pies de Jesús, oía su palabra. Pero Marta se preocupaba con muchos quehaceres, y acercándose, dijo: Señor, ¿no te da cuidado que mi hermana me deje servir sola? Dile, pues, que me ayude. Respondiendo Jesús, le dijo: Marta, Marta, afanada y turbada estás con muchas cosas. Pero solo una cosa es necesaria; y María ha escogido la buena parte, la cual no le será quitada.
> —Lucas 10:38-42

Hace muchos años estábamos de visita en una iglesia bautista en Moscú. Me pregunté cuáles podrían ser las diferencias entre los cristianos rusos y los estadounidenses. El pastor hizo una astuta observación, al comparar el cristianismo oriental con el cristianismo occidental. "Nosotros en Oriente somos más como María, sentados a los pies de Jesús, mientras que ustedes en los Estados Unidos son como Marta, distraídos por muchas cosas".

Dicho lo cual, sugiero que este libro —que quizá fue escrito más para los cristianos orientales— podría guiarnos a ser más como los rusos que acabo de describir. A decir verdad, fue en la época de la Unión Soviética, cuando sospecho que es probable que los cristianos pasaban más tiempo dependiendo de Dios que quizá sea el caso hoy.

Mi punto es este: Es probable que pueda *aprender más acerca de Dios* con más facilidad de lo que podemos *conocer más a Dios*. Por ejemplo, leer libros —incluyendo los míos— podría ser más fácil que no hacer nada más que orar y leer su Biblia. Por supuesto, me gustaría pensar que este libro que usted está leyendo ahora lo lleve a obtener más de Dios. Pero esto solo va a suceder si el hambre y la sed por Él lo llevan a sus rodillas.

Pienso en las líneas de dos himnos reconocidos, ambos escritos por la misma mujer inglesa.

Me encanta contar la historia a los que la conocen
    mejor.
Que al parecer tienen hambre y sed de escucharla
    como los demás.[3]
    —A. KATHERINE HANKEY (1834-1911)

Cuéntame la historia lentamente,
Para que pueda recibirla,
Esa maravillosa redención,
El remedio de Dios para el pecado.
Cuéntame la historia con frecuencia.
Porque la olvido demasiado pronto;
El temprano rocío del alba
Se ha desvanecido a medio día.[4]

—A. Katherine Hankey

La diferencia entre saber más *acerca de* Dios y conocer más *a* Dios es la diferencia entre experimentar algo de segunda mano y experimentarlo de primera mano. Saber acerca de Dios es información; la cual es muy importante. Pero eso no es suficiente. Usted necesita más; pero no solo más información.

Solía debatir con un amigo quien dijo: "Lo recibes todo cuando recién te conviertes. Ya no hay nada más disponible —argumentaba—. Lo siguiente después de la conversión es el cielo". Basaba su argumento en la palabra de Pablo de que al estar en Cristo significa "que nada os falta en ningún don, esperando la manifestación de nuestro Señor Jesucristo" (1 Corintios 1:7).

Pero perdió el punto que Pablo comunicó más tarde en la misma epístola, después de haber dado una lista de dones espirituales: "Procurad, pues, los dones mejores", dijo, y luego prometió mostrarles "un camino aun más excelente" (1 Corintios 12:31). Ese camino más excelente es el amor descrito en 1 Corintios 13. No todos tienen los dones, dice Pablo, pero podemos anhelarlos y pedírselos a Dios. Tampoco la experiencia de 1 Corintios es automática;

es algo que se debe buscar. Debemos experimentarlo de primera mano. Es emocionante escuchar historias de personas que han tenido experiencias de primera mano con Dios. También es maravilloso escuchar historias que provienen de grandes avivamientos, como el Avivamiento de Cane Ridge o el Avivamiento de Gales. Pueden inspirarnos. ¡Incluso pueden hacernos tener hambre! Pero tales historias son de segunda mano. La teología, por ejemplo, es información de segunda mano acerca de Dios. La aprendemos en institutos bíblicos, escuelas de divinidad y seminarios. La teología sana es esencial, pero si la teología —aunque sea sana, sólida y sustancial— es todo lo que tiene, se ha quedado corto de obtener más *de* Dios. Tener más de Dios no puede ser suyo solamente por ser instruido; tener más de Él es lo que le debe *suceder*. Lo mejor que puedo hacer —para que usted lo pueda experimentar— es *señalarle el camino*.

Conocer más *acerca* de Dios y conocerlo más *a* Él es la diferencia entre el conocimiento intelectual y el conocimiento del corazón. El conocimiento del corazón es importante. Pablo señaló que "ahora obedecen de todo corazón la enseñanza que les hemos dado" (Romanos 6:17, NTV). No obstante, si solo hubieran entendido esa enseñanza en su mente, no hubiera existido obediencia consecuente. El conocimiento intelectual nunca es suficiente. Obedecieron la enseñanza porque se abrió paso a su *corazón*.

Que si confesares con tu boca que Jesús es el Señor, y creyeres en tu corazón que Dios le levantó de los muertos, serás salvo. Porque con el corazón se cree para justicia, pero con la boca se confiesa para salvación.

—Romanos 10:9-10

La diferencia entre el conocimiento intelectual y el conocimiento del corazón es la diferencia entre asentir con la mente a la verdad y ser *persuadido* por la verdad. En la Edad Media la fe era definida como el asentimiento mental a la enseñanza de la iglesia. Los cristianos de la época quizá sabían o ignoraban lo que la iglesia enseñaba, pero decían: "Si la iglesia lo enseña yo lo creo". Así podían permanecer ignorantes.

La ignorancia quizá sea la felicidad para algunos, pero cuando uno es *persuadido* de una enseñanza significa que no solo la ha comprendido mentalmente, sino que la ha abrazado en su corazón, porque se ha convencido. La palabra griega para fe, *pistis*, proviene de la raíz *peitho*, la cual significa persuasión. Si no está persuadido, no está en una mejor situación.

El asiento de la fe salvífica es el corazón. Es cuando el conocimiento intelectual cae en el corazón. "Es cuando por fin lo capta", dirían en ciertos países, para dar a entender que cae en cuenta de algo después de un periodo de confusión o ignorancia. "El viaje más largo que emprenderá —dijo el político Andrew Bennett—, son las dieciocho pulgadas de su cabeza a su corazón".[5] Pero esto es cierto para todos nosotros.

Esto es cierto para la fe salvífica. El corazón debe estar involucrado. Cuando Pedro predicó el día de Pentecostés, sus oyentes "se compungieron de corazón" (Hechos 2:37). Pudo predicar así porque tenía más de Dios de lo que había tenido antes de la caída del Espíritu Santo el día de Pentecostés.

Sabía mucho acerca de Dios después de haber escuchado a Jesús hablar incontables veces a lo largo de los tres años anteriores. Tal conocimiento acerca de Dios no evitó que negara al Señor tres veces (Juan 18:17, 25-27). Pero después de la venida del Espíritu, Pedro era un hombre distinto. Por lo tanto, el corazón debe estar involucrado después de la conversión. Cualquier enseñanza acerca de más de Dios será meramente teológica si solo estimula la mente. Este libro se trata de avanzar más allá de la fe salvífica. Se trata de obtener y experimentar más de Dios. Por eso mencioné anteriormente que los libros del Nuevo Testamento fueron escritos para que pudiéramos obtener más de Dios. Tomemos las cartas como ejemplo: los destinatarios ya eran salvos, pero los escritores querían que experimentan no solo más conocimiento *acerca* de Dios —de lo cual las cartas están llenas a rebosar— sino que conocieran más *a* Dios. Por ejemplo, aquí hay exhortaciones que muestran que hay más:

- "No os conforméis a este siglo, sino transformaos por medio de la renovación de vuestro entendimiento, para que comprobéis cuál sea la buena voluntad de Dios, agradable y perfecta" (Romanos 12:2).

- "Corran, pues, de tal modo que lo obtengan" (1 Corintios 9:24, NVI).

- "Porque os celo con celo de Dios; pues os he desposado con un solo esposo, para presentaros como una virgen pura a Cristo" (2 Corintios 11:2).

- "Hijitos míos, por quienes vuelvo a sufrir dolores de parto, hasta que Cristo sea formado en vosotros" (Gálatas 4:19).

- "Para que seáis llenos de toda la plenitud de Dios" (Efesios 3:19).

- "Y esto pido en oración, que vuestro amor abunde aun más y más en ciencia y en todo conocimiento" (Filipenses 1:9).

- "Para que estéis firmes, perfectos y completos en todo lo que Dios quiere" (Colosenses 4:12).

- "Y el mismo Dios de paz os santifique por completo" (1 Tesalonicenses 5:23).

- "Para alcanzar la gloria de nuestro Señor Jesucristo" (2 Tesalonicenses 2:14).

- "Pues el propósito de este mandamiento es el amor nacido de corazón limpio, y de buena conciencia, y de fe no fingida" (1 Timoteo 1:5).

- "Pues Dios no nos ha dado un espíritu de temor y timidez sino de poder, amor y autodisciplina" (2 Timoteo 1:7, NTV).

- "Para que, mediante la fe, los elegidos de Dios lleguen a conocer la verdadera religión" (Tito 1:1, NVI).

- "Para que la participación de tu fe sea eficaz en el conocimiento de todo el bien que está en vosotros por Cristo Jesús" (Filemón 1:6).

- "Porque os es necesaria la paciencia, para que habiendo hecho la voluntad de Dios, obtengáis la promesa" (Hebreos 10:36).

- "Para que seáis perfectos y cabales, sin que os falte cosa alguna" (Santiago 1:4).

- "Mas el Dios de toda gracia, que nos llamó a su gloria eterna en Jesucristo, después que hayáis padecido un poco de tiempo, él mismo os perfeccione, afirme, fortalezca y establezca" (1 Pedro 5:10).

- "Nos ha dado preciosas y grandísimas promesas, para que por ellas llegaseis a ser participantes de la naturaleza divina, habiendo huido de la corrupción que hay en el mundo a causa de la concupiscencia" (2 Pedro 1:4)

- "Pero si andamos en luz, como él está en luz, tenemos comunión unos con otros, y la sangre de Jesucristo su Hijo nos limpia de todo pecado" (1 Juan 1:7).

- "Mirad por vosotros mismos, para que no perdáis el fruto de vuestro trabajo, sino que recibáis galardón completo" (2 Juan 1:8).

- "Pero vosotros, amados, edificándoos sobre vuestra santísima fe, orando en el Espíritu Santo" (Judas 1:20).

- "Y el que tiene sed, venga; y el que quiera, tome del agua de la vida gratuitamente" (Apocalipsis 22:17).

¿Tiene sed por más de Dios? Esa sed provino de Él. "Deléitate asimismo en Jehová, y él te concederá las peticiones de tu corazón" (Salmos 37:4). Él no pondría ese deseo en su corazón para provocarlo, incitarlo, esperanzarlo y darle esta hambre por Él si no fuera a cumplir su promesa de que usted sea lleno.

Todo lo que sigue en este libro está diseñado para hacerlo tener hambre. Sed. A medida que lea, tenga en mente que el hambre siempre creciente por más de Dios es de Dios. El diablo no pondría ese deseo allí. La carne no le pondría ese deseo. ¡Solo Dios puede hacerlo!

Hay una diferencia entre saber acerca de Dios y conocer a Dios. El Dr. Martyn Lloyd-Jones (1899-1981) solía decir que muchos de los libros que leyó acerca de conocer a Dios deberían haber llevado el título de *Cómo saber acerca de Dios*. Usted puede saber acerca de alguien y no conocer a la persona. Usted puede convertirse en un experto en el Gran Cañón sin ir allí. Usted puede volverse un experto en avivamientos históricos de la iglesia cristiana sin experimentar siquiera el avivamiento. Temo que mucha de la teología que se enseña actualmente es información de aquellos que no conocen a Dios, solo saben acerca de Él.

Faraón dijo la verdad cuando dijo: "Yo no conozco a Jehová" (Éxodo 5:2). Temo que hay quienes han profesado la fe en Cristo, pero no lo conocen. Pasaron al frente en una reunión de evangelización, firmaron una tarjeta y —quizá— se unieron a una iglesia y se bautizaron, pero todavía no conocen al Señor.

¿Conoce al Señor? No puede buscar más de Él hasta que lo conozca. Pero si tiene hambre y sed de justicia, es una indicación sólida de que usted lo conoce, ¡sino no tendría un deseo como ese! Cobre ánimo. Más que eso, si usted tiene hambre y sed de justicia, ¡felicidades! La mejor traducción de la palabra griega *makarios* traducida como "bienaventurados" en las Bienaventuranzas, en la mayoría de las versiones de la Biblia, es "felicidades".[6] ¡Oh, sí! Cuando usted tiene un deseo como ese, es una maravillosa señal de que Dios está en usted; significa que Dios está operando en usted; congratúlese cuando esto sea así.

Mi consejo: no se conforme con solo mera información acerca de Dios o con más conocimiento teológico. No se conforme con estimulación cerebral acerca de lo divino. No se dé descanso hasta que cruce la línea crítica del conocimiento de segunda mano acerca de Dios al lado del conocimiento de primera mano de Dios. Y cuando entre a ese plano estará consciente de cuán real es el Dios de la Biblia. Él es real. Más real que el aire que respira, más real que la naturaleza que ve. No hay nada más emocionante que cuando ve por usted mismo que Dios es real, Jesús es real, el Espíritu Santo es real y la Biblia es verdad.

¿Eso es lo que quiere? ¡Felicidades! ¿Es lo que anhela? Será lleno. Y no necesitará que nadie le diga que ha experimentado más de Dios. Lo sabrá usted mismo. Quizá incluso se sienta como la reina de Sabá cuando le dijo a Salomón:

> Verdad es lo que oí en mi tierra de tus cosas y de tu sabiduría; pero yo no lo creía, hasta que he venido, y mis ojos han visto que ni aun se me dijo la mitad.
>
> —1 Reyes 10:6-7

Jesús habló generosamente con una mujer de Samaria. Después ella le reportó al pueblo su tiempo con Él. Pero luego le decían a la mujer: "Ya no creemos solamente por tu dicho, porque *nosotros mismos hemos oído*, y sabemos que

verdaderamente éste es el Salvador del mundo, el Cristo"
(Juan 4:42, énfasis añadido).

No puedo describir adecuadamente lo que es obtener más
de Dios. Pero con toda seguridad, a medida que su hambre
y sed por más de Dios incrementen usted conocerá más a
Dios. Es más maravilloso que beber dulce agua fría cuando
está sediento en un cálido día de verano.

> Y yo os digo: Pedid, y se os dará; buscad, y halla-
> réis; llamad, y se os abrirá. Porque todo aquel que
> pide, recibe; y el que busca, halla; y al que llama, se
> le abrirá. ¿Qué padre de vosotros, si su hijo le pide
> pan, le dará una piedra? ¿o si pescado, en lugar de
> pescado, le dará una serpiente? ¿O si le pide un huevo,
> le dará un escorpión? Pues si vosotros, siendo malos,
> sabéis dar buenas dádivas a vuestros hijos, ¿cuánto
> más vuestro Padre celestial dará el Espíritu Santo a
> los que se lo pidan?
>
> —LUCAS 11:9-13

Capítulo 3

NUESTRA PRIORIDAD INMUTABLE

*Mas buscad primeramente el reino de Dios y su
justicia, y todas estas cosas os serán añadidas.*

—MATEO 6:33

MATEO 6:33 ERA el versículo bíblico favorito de
mi padre. Me lo habrá citado por lo menos cien
veces cuando yo era niño. Es un versículo maravilloso y muy relevante para este libro.

¿Por qué es tan importante Mateo 6:33? Aparece en la
segunda mitad del famoso Sermón del Monte de Jesús y
muestra lo que es *invariablemente* el siguiente paso hacia
adelante cuando se trata de nuestras necesidades y deseos.
Lo que dice es cierto las veinticuatro horas del día, los siete
días de la semana. Nunca se volverá obsoleto buscar el reino
de Dios *primero* antes de buscar cualquier otra cosa.

Dicho lo cual, hay otras prioridades qué debemos examinar en este capítulo. ¿Qué más nos dice la Biblia que
busquemos?

Cómo acercarse al trono
de la gracia

Comencemos con misericordia. Según Hebreos 4:16 —la carta escrita a los hebreos cristianos— lo primero que deberíamos pedir en oración no es gracia para ayudarnos en el tiempo de necesidad, sino misericordia:

> Acerquémonos, pues, confiadamente al trono de la gracia, para alcanzar misericordia y hallar gracia para el oportuno socorro.

Dios ha buscado proteger el trono de gracia de personas como nosotros por medio de requerirnos que pidamos primero misericordia en oposición a entrar de prisa a la presencia de Dios para exigir esto o aquello. Demasiados de nosotros nos acercamos a Dios y presentamos nuestros deseos y necesidades delante de Él sin siquiera pensar quién es Él o en su honor. Como sabemos que es un Dios amoroso que se preocupa por nosotros tendemos a apresurarnos a entrar en su presencia y empezar a pedirle por esto y por aquello sin siquiera pensar en su carácter. Pero Hebreos 4:16 nos instruye a que pidamos misericordia primero. Quizá usted diga: "Por supuesto que no; ¡eso es lo que pedimos para recibir la salvación! Después de todo, una parte integral de la conversión es orar: "Dios, ten misericordia de mí, pecador" (Lucas 18:13)". Es cierto. Pero ¿qué le hizo pensar que ya superó pedirle misericordia a Dios? ¡El escritor dirige Hebreos 4:16 a los cristianos!

Que el lector más santo y piadoso entienda lo siguiente: usted nunca superará la necesidad de pedirle misericordia a Dios. Sin importar cuánto tiempo haya sido cristiano (yo me convertí a los seis años; eso fue hace setenta y siete años), usted debe pedirle misericordia a Dios antes de comenzar a presentarle sus peticiones.

- ¿Estuvo en un ayuno de cuarenta días hace poco? ¿Ha estado orando bastante y se siente confiado en su relación con Dios? ¡Maravilloso! Debe pedir misericordia antes de presentar sus necesidades al Señor.

- ¿Está experimentando victoria sobre un hábito que lo ha mortificado durante años? ¡Muy bien! Pero todavía necesita pedir misericordia primero al acercarse al trono de la gracia.

- ¿Ha resistido la tentación sexual, perdonado a su enemigo, ha orado una hora diaria o está cumpliendo con un plan de lectura bíblica que lo lleva a leer la Palabra en un año? Estas cosas son excelentes. Pero nunca superará la necesidad de pedir misericordia cuando se acerque a Dios.

- ¿Asiste a la iglesia con regularidad, reduce sus horas de ver televisión y pasa más tiempo leyendo libros cristianos? Espléndido. Aún así debe pedir misericordia cuando ora.

- ¿Ha adorado a Dios por medio de cantar una y otra vez sus canciones favoritas de adoración? Encantado de escuchar eso. Aun así debe pedir humildemente misericordia a Dios cuando se vuelve a Él.

¿Sus oraciones no están recibiendo respuesta? Todos hemos experimentado esto. Pero ¿le ha cruzado por la mente que quizá Dios no está respondiendo sus oraciones por una razón? Parte de la razón podría ser que sus peticiones estén mal formuladas; es decir, usted está pidiendo algo que no es la voluntad de Dios para usted. Después de todo, Dios nos escucha cuando pedimos conforme a su voluntad (1 Juan 5:14). Pero la razón también podría ser que usted está meramente *utilizando* a Dios cuando ora, porque solo ora cuando quiere algo.

El trono de gracia presupone que algún soberano se sienta en ese trono. Sí, ese rey es el Rey Jesús. Un soberano tiene el derecho de invitar a quien viene a su presencia. Cuando mis amigos británicos entran en la presencia de su monarca, hacen una reverencia. ¿Cuánto más cuando nos acercamos al trono de la gracia? Pedimos misericordia.

Un clérigo anglicano muy prominente nos dijo a Louise y a mí que virtualmente cien de cada cien personas que acuden a él quieren algo de él. ¿Cuántos van a un hombre como él solo para bendecirlo, orar por él y animarlo? Virtualmente nadie.

El predicador itinerante Arthur Blessitt cierta vez me dijo que hace muchos años le preguntó al papa Juan Pablo: "¿Qué puedo hacer por usted?". El papa quedó más bien perplejo y le dijo: "Nadie me había preguntado eso. Todos quieren algo de mí". La gente se acercaba a Billy Graham (1918-2018) por la misma razón; o a un miembro de la familia real, a un miembro del parlamento, a un senador estadounidense, a un diputado o al presidente.

El párrafo anterior menciona a personas. Seres humanos. ¿Importantes? Sí. Pero son personas. Y también necesitan nuestras oraciones.

Dios no necesita nuestras oraciones. Y, no obstante, quiere que oremos; no porque nos necesite, sino porque lo necesitamos.

Sin embargo, siendo un Dios celoso, quiere nuestra adoración y nuestra alabanza. Quiere que su voluntad se lleve a cabo en nosotros. Quiere que lo afirmemos por quién es Él: el único Dios verdadero, soberano del universo, el creador del cielo y de la Tierra.

EL TEMOR DE DIOS

Tengo razones para creer que el temor de Dios está regresando a la iglesia. El temor de Dios ha estado ausente durante un largo, largo tiempo. Quizá diga: "Con toda seguridad el temor de Dios es una enseñanza del Antiguo Testamento". ¿En serio? En la isla de Patmos, Juan tuvo la visión de un ángel que anunciaba el "evangelio eterno". En alta voz dijo: "Temed a Dios, y dadle gloria" (Apocalipsis 14:6-7). Inmediatamente después de que el Espíritu de Dios cayó el Día de Pentecostés, "sobrevino temor a toda persona" (Hechos 2:43).

Cuando Pedro comenzó su sermón el Día de Pentecostés las personas se burlaron de los ciento veinte que fueron llenos del Espíritu Santo (Hechos 2:13). Pero ya no se estaban riendo cuando Pedro terminó de predicar. El temor de Dios cayó sobre la gente. Quedaron "compungidos de corazón" y preguntaron: "¿Qué haremos?" (Hechos 2:37).

El sermón más notable jamás predicado en Estados Unidos fue el 8 de julio de 1741, cuando Jonathan Edwards (1703-1758) predicó su sermón "Pecadores en manos de un Dios airado". Tomó su texto de Deuteronomio 32:35: "A su tiempo su pie resbalará", y Edwards leyó su sermón palabra por palabra. La gente dijo que la exposición no fue buena. Pero el Espíritu de Dios cayó sobre la gente cuando dijo: "El Dios que los sostiene sobre el abismo del infierno, como uno sostiene una araña [...] no es nada más que su mano lo que lo sostiene de caer en el fuego a cada momento".[1] La gente comenzó a gemir y a llorar. Para el momento en que terminó, estaban literalmente asidos del respaldo de las bancas de la iglesia para evitar resbalar al infierno. Se vieron a hombres sostenerse del tronco de los árboles afuera de la iglesia para evitar resbalar al infierno. Fue solo una probada del juicio venidero. Dios solo lo hizo una vez. Las noticias de su sermón se esparcieron por toda Nueva Inglaterra en días. Se esparcieron por toda Inglaterra en semanas. Fue la cúspide el Gran Despertar (1726-1750).

Una restauración del evangelio de Cristo y el temor de Dios será el resultado de que la gente clame a Dios y pida misericordia. Intente esto: comience su oración pidiendo misericordia. ¿Se da cuenta de que Dios puede dar o retener misericordia, y que se haría justicia de cualquier manera? Esto debería mantenernos humildes. Esto debería evitar que usted y yo le chasqueemos los dedos a Dios y esperemos que salte. Jamás olvide lo que le dijo a Moisés solo unos momentos después de que Moisés oró para conocer los caminos de Dios: "Tengo clemencia de quien quiero tenerla, y soy compasivo con quien quiero serlo" (Éxodo 33:19, NVI). Dios es soberano. Y antes de que usted diga: "Pero es una enseñanza del Antiguo Testamento", le recuerdo que Pablo lo citó en Romanos 9:15. La soberanía de Dios es tan inherente a su carácter y atributos como su celosía. Es la esencia de la gloria de Dios: su opinión.

Quizá pregunté: "¿Debo literalmente utilizar la palabra *misericordia* cada vez que ore?". Probablemente no. Pero su estado mental y la actitud de su corazón debería mostrar la conciencia de que Dios no tiene que responder sus oraciones. Él es Dios; Él está en los cielos; Él hace todo lo que quiere (Salmos 115:3).

Dele una mirada a la sanidad del leproso en Mateo capítulo 8. En la época de Jesús los leprosos no podían vivir entre la sociedad. En ese entonces la lepra era una enfermedad que no tenía tratamiento y se temía que era altamente contagiosa. Los leprosos en el judaísmo tenían que utilizar ropa rasgada, no peinarse, cubrir nariz y boca y gritar: "Inmundo, inmundo" (Levítico 13:45). El leproso de Mateo 8 sabía lo suficiente como para chasquearle los dedos a Jesús y exigirle que lo sanara; en lugar de ello, vino a Jesús y doblada la rodilla le dijo: "Señor, si quieres, puedes limpiarme" (v. 2). Era lo equivalente a decir: "Tú sabes que no tienes que sanarme, pero si lo deseas, sé que me puede sanar". Jesús dijo: "Sí quiero [...] ¡Queda limpio!" (v. 3, NVI).

Al orar todos deberíamos imitar al leproso.

Dios es rico en misericordia (Efesios 2:4). Le encanta otorgar misericordia, en especial cuando la solicitamos en específico. Lo honra. Muestra dignidad y respeto por quién es Él.

EL PADRENUESTRO

Considere el padrenuestro. En el relato de Lucas, los discípulos le dijeron a Jesús: "Señor, enséñanos a orar" (Lucas 11:1), y Jesús respondió con una oración que enseña *cómo* orar. Es un modelo de oración y también una oración. Mi esposa, Louise, y yo lo oramos juntos literalmente todos los días. Observe cómo inicia.

Padre nuestro que estás en los cielos, santificado sea tu nombre.

—MATEO 6:9

Por lo primero que debemos orar —según Jesús— es que el nombre de Dios sea santificado en todo el mundo. Debemos orar que Dios sea famoso. John Lennon del grupo The Beatles, hace años se jactó de que eran "más populares que Jesús".[2] Lo cual era tristemente cierto. Debemos orar que Dios nuevamente sea famoso en el mundo. Orar "santificado sea tu nombre" muestra la prioridad de Dios para nosotros cuando oramos.

En mi libro *The Lord's Prayer* [El padrenuestro] busco argumentar que Dios tiene su lista de oración y que pone su lista primero. Pone tres peticiones: (1) que oremos por que su santo nombre sea honrado, (2) que oremos porque su Reino venga a nosotros y (3) que oremos por que su voluntad se haga tan perfectamente en la Tierra como se lleva a cabo con toda perfección en el cielo. Esta es su lista de oración para nosotros. Dicho lo cual Jesús añadió una lista de oración para cada uno de nosotros: (1) "el pan nuestro de cada día, dánoslo hoy" (Mateo 6:11); (2) "y perdónanos nuestras deudas, como también nosotros perdonamos a nuestros deudores" (v. 12); (3) "y no nos metas en tentación" (v. 13); y (4) "líbranos del maligno" (v. 13, NVI).

¿Lo sorprende que Dios ponga su lista de oración primero? El hecho de que el Señor ponga su lista de oración primero es un fuerte indicio de que debemos honrarlo a *Él* y *su voluntad* antes de presentarle nuestras peticiones. Después de todo, Él es un Dios celoso.

Esto debería enseñarnos a acercarnos a Dios con el más profundo respeto. En lugar de enfocarnos en nuestra agenda, comenzamos enfocándonos en la suya. Quiere que hagamos una pausa y reconozcamos que estamos hablando con el Dios todopoderoso, Creador del cielo y de la Tierra.

Reconozco que hay momentos —en una crisis súbita y dolorosa— en los que podemos clamar o incluso gritar: "¡Dios!". Todos hemos hecho esto. Dios no tiene problema con eso. Pero incluso en el fondo de nuestro corazón debería estar la conciencia de que Dios puede dar o retener su misericordia. El padrenuestro —el modelo para la manera en que debemos orar— nos muestra la actitud adecuada que debemos tener cuando oramos.

EL REINO DE DIOS

Cuando Jesús introdujo este versículo crucial —"Mas buscad primeramente el reino de Dios y su justicia"—estas palabras *siguieron* a su exposición de la Ley Mosaica en el Sermón del Monte. Es imposible saber qué tanto comprendió su audiencia original esta enseñanza al inicio. Hasta que el Espíritu Santo descendió el Día de Pentecostés, suponían que el Reino de Dios no solo era terrenal, sino que venía acompañado del derrocamiento de Roma para poner a Israel de vuelta en el mapa. Jesús afirmó claramente que el Reino de Dios no viene de manera visible; está "entre vosotros" (Lucas 17:20-21). Aún así no lo entendieron, ya que incluso le preguntaron a Jesús después de que había resucitado de los muertos, si restauraría el reino a Israel (Hechos 1:6). Creo, por lo tanto, que es poco probable que el pueblo comprendiera el Sermón del Monte con mucha profundidad. Lo que sabemos es que se maravillaban de que hablaba con "autoridad", a diferencia de los maestros de la Ley (Mateo 7:28-29).

Michael Eaton (1942-2017) pensaba que a Jesús le tomó por lo menos dos o tres días predicar esto y que lo que tenemos en los capítulos del 5 al 7 de Mateo es un resumen de su sermón. Mi libro *Sermon on the Mount* [El Sermón del Monte] es una exposición versículo por versículo de este sermón. El tema es el Reino de Dios. Por lo tanto, quiero ahora dar un resumen de lo que Jesús enseñó acerca del Reino de Dios en el Sermón del Monte. Nos ayudará para saber lo que Jesús quería decir con buscar primeramente el Reino de Dios.

El Sermón del Monte es la doctrina de Jesús acerca del Espíritu Santo. Todo el sermón tiene sentido cuando uno ve esto. El Reino de los cielos es el plano del Espíritu Santo donde Jesús es el Rey. Para morar en el Reino de los cielos uno debe ser lleno del Espíritu Santo no contristado. Quiere decir que el Espíritu Santo debe estar en nosotros sin ser contristado y sin ser apagado. Es posible contristar al Espíritu Santo (Efesios 4:30) o apagarlo (1 Tesalonicenses 5:19). Pero cuando el Espíritu Santo en nosotros es completamente Él mismo —esto es no está contristado por nuestro enojo carnal— seremos capaces de *sobrepasar* la justicia de los fariseos y los doctores de la ley.

Jesús dijo dos cosas acerca de guardar la Ley Mosaica: primero, que la iba a cumplir (Mateo 5:17). Según el Dr. Martyn Lloyd-Jones esta es la afirmación más estupenda que Jesús haya hecho: que Jesús mismo cumpliría la Ley. Era la promesa de hacer algo que nunca se había hecho, es decir cumplir la ley por completo: la ley moral (los Diez Mandamientos), la ley ceremonial (cómo debía ser adorado Dios) y la ley civil (cómo se debía gobernar a sí mismo el pueblo de Israel). ¡Cuando Jesús murió en la cruz fue misión cumplida! Cuando dijo: "Consumado es" (Juan 19:30) fue una afirmación de victoria porque Jesús hizo exactamente lo que dijo que haría. Por esa razón, Pablo dijo que nuestra fe en la sangre de Jesús nos imputa su justicia. La justicia de Jesús, es decir, su vida sin pecado y su muerte sacrificial, es puesta a nuestro crédito solo por fe; por fe más ninguna otra cosa (Romanos 3:25-4:5).

Lo segundo que dijo Jesús con respecto a guardar la ley fue esto: a menos de que nuestra justicia "sea mayor" que la justicia de los fariseos no entraremos en el Reino de los cielos. Sin embargo, como los fariseos eran vistos externamente impecables, ¿cómo podría cualquier ser humano tener una justicia mayor? Cómo ellos diezmaban, ¿debemos diezmar el doble? Como ellos ayunaban dos veces a la semana, ¿debemos ayunar tres veces a la semana? No. Los fariseos no cayeron en cuenta de que guardaban la ley externamente, pero no en el interior. No asesinaban a otras personas y no dormían con las esposas de otros hombres; por lo tanto, pensaban que no tenían pecado.

Entonces vino Jesús con la asombrosa palabra, jamás escuchada, de que odiar, guardar resentimiento y la falta de perdón eran equivalentes al asesinato (Mateo 5:21-22). Codiciar a una mujer —provocar codicia en ella— era adulterar en el corazón (vv. 27-28). El camino, por lo tanto, que era mayor a la justicia externa de los fariseos venía por medio de perdonar y bendecir a sus enemigos y de dejar de codiciar o de provocar que las mujeres codicien.

Jesús trató con solo tres de los Diez Mandamientos: el sexto (no matarás), el séptimo (no cometerás adulterio) y el tercero (no tomarás el nombre del Señor en vano). Jesús profundizó sobre el mandamiento "no matarás" cuando dijo: "Amad a vuestros enemigos, bendecid a los que os maldicen, haced bien a los que os aborrecen, y orad por los que os ultrajan y os persiguen" (v. 44). Profundizó en el tercer mandamiento cuando dijo: "No juren de ningún modo" (v. 34, NVI). Jurar por el cielo, la Tierra o Jerusalén era tomar el nombre del Señor en vano.

Tener una justicia mayor a los fariseos significa no tener odio, no codiciar y no tomar en vano el nombre del Señor. Cuando no perdonamos, cuando codiciamos o cuando tomamos en vano el nombre del Señor, contristamos al Espíritu Santo. Habitar en el Reino de Dios, por lo tanto, significa que el Espíritu no contristado reina en nuestro corazón. Esto es básicamente lo que Jesús quería decir con entrar al Reino de Dios.

¿Qué significa buscar *primeramente* el Reino de Dios? En pocas palabras significa buscar la agenda de Dios antes de enfocarnos en nuestras necesidades. No es fácil hacerlo; lo natural es querer ponernos primero a nosotros mismos. Pero así es como Dios quiere que vivamos: poniendo su agenda antes que nuestras necesidades personales. En Mateo 6:33 Jesús supuso que sus oyentes —y podríamos con toda justicia asumir que también sus lectores— no habían olvidado lo que había enseñado acerca del Reino de Dios. El Reino de Dios es el plano del Espíritu Santo; entrar en él es tener al Espíritu no contristado morando en nuestras vidas. El Espíritu Santo es una persona muy sensible, como demuestro en mi libro *The Sensitivity of The Spirit* [La sensibilidad del Espíritu]. Por ejemplo, cuando guardamos resentimiento o codiciamos sexualmente a otra persona, lo contristamos.

Por lo tanto, abrazar el Reino de Dios significa que ponemos en práctica lo que Jesús predicó. Hacerlo da como resultado una conciencia aguda del pecado y la necesidad de exceder la justicia de los fariseos. Los fariseos no tenían conciencia de pecado. Se consideraban completamente justos. Como dije, pensaban que cumplían con la Ley porque no mataban a nadie y porque no dormían físicamente con la esposa de otro. La manera en la que uno sobrepasa la justicia de los fariseos, entonces, es por medio de entender la interpretación de Jesús de la Ley Mosaica. Veremos esto con más detalle más adelante. En breve significa no odiar en nuestro corazón, no codiciar en nuestro corazón y no tomar en vano el nombre del Señor (Mateo 5:21-37). Por eso el Sermón del Monte no se puede entender en realidad, hasta no ver que es la doctrina del Espíritu Santo de nuestro Señor. Significa que debemos abrazar *su* interpretación de la Ley y cómo se cumple en nosotros. Significa tener un agudo sentido del pecado y una vida inclinada hacia no contristar al Espíritu Santo. Por lo tanto, buscar primeramente el Reino de Dios y su justicia significa que le damos prioridad a nuestra relación cara a cara con Dios y su Espíritu al buscar suplir nuestras necesidades y deseos.

Esto muestra la diferencia entre buscar más *de* Dios y buscar obtener más *beneficios de* Dios. Buscar *primeramente* el Reino de Dios es buscar más *de* Dios.

Jesús enseñó que nunca debemos afanarnos. No debemos preocuparnos de nuestra vida, de lo que comeremos o beberemos. No debemos afanarnos por nuestro cuerpo o por lo que vestiremos. Esta sección del Sermón del Monte sigue a la referencia que hizo del dinero. Debemos hacer para nosotros tesoros en el cielo y no tesoros en la Tierra. No podemos servir al mismo tiempo a Dios y al dinero. Fue entonces cuando presentó su enseñanza acerca del afán y las necesidades físicas como el sustento, el refugio y el vestido.

Así que no se preocupen diciendo: "¿Qué comeremos?" o "¿Qué beberemos?" o "¿Con qué nos vestiremos?"

> Los paganos andan tras todas estas cosas, pero el Padre celestial sabe que ustedes las necesitan. Más bien, busquen primeramente el reino de Dios y su justicia, y todas estas cosas les serán añadidas.
>
> —MATEO 6:31-33, NVI

No quiero ser injusto, pero al parecer la enseñanza de "declárelo y reclámelo" a la que hice referencia anteriormente lo anima a uno a enfocarse en las mismas cosas que Jesús dijo que los paganos buscan. ¡Creo que deberíamos correr tan lejos como podamos de esa manera de pensar!

Lo insto a buscar primeramente el Reino de Dios —el gobierno del Espíritu no contristado— y su justicia, la justicia que excede la de los escribas y fariseos. Si quiere más de Dios, este es el camino hacia adelante.

Buscar primeramente el Reino de Dios entonces significa poner la santidad antes que cualquier cosa. Es la búsqueda de una vida que no contriste al Espíritu Santo. Es la búsqueda de una vida en la que mora el Espíritu no contristado.

¿Qué sigue? Según Jesús: "Todas estas cosas les serán añadidas". ¿Qué cosas? Sustento, refugio y vestido: las cosas esenciales de la vida; lo que necesitamos. Quizá recuerde la primera petición de nuestra lista de oración en el padrenuestro que dice: "El pan nuestro de cada día dánoslo hoy". Esta es una petición que cubre nuestras necesidades básicas: alimento para comer, ropa para vestir, un lugar para vivir, un sueño reparador y buena salud. Necesidades físicas y necesidades emocionales. Estas cosas nos son "añadidas" o "dadas" cuando ponemos nuestras prioridades en orden.

Pero cuando hacemos del sustento, el refugio y el abrigo nuestra prioridad, violamos está gloriosa promesa en Mateo

6:33. Jesús dice que podemos *contar* con estas cosas. No se afane por estas cosas. Dios se encargará de ellas. Él alimenta al gorrión. Hace crecer los lirios. Cuida de la naturaleza. Oramos por el pan de cada día, sí, pero no nos preocupamos acerca de tener pan. Dios nos asegura que este es su problema; Él ha puesto su integridad en entredicho para buscar lo esencial para nosotros.

Entonces, buscar más de Dios es buscar primeramente el Reino de Dios. Tener más de Dios es incrementar la fortaleza interna para resistir la tentación sexual; es tener un amor no fingido por medio del cual bendecimos a nuestros enemigos y oramos por ellos. Buscar más allá de las necesidades de la vida —buscar más de Dios— es ir más allá de lo que Dios ha prometido. Él prometió suplir todas nuestras necesidades conforme a sus riquezas en gloria (Filipenses 4:19). Cuando buscamos más beneficios de Dios —conducir un Mercedes, hospedarnos en un hotel cinco estrellas, vivir en lujos y esplendor— tratamos de ser mejores que Él.

No lo haga. "Pero gran ganancia es la piedad acompañada de contentamiento" (1 Timoteo 6:6). "Sean vuestras costumbres sin avaricia, contentos con lo que tenéis ahora; porque él dijo: No te desampararé, ni te dejaré" (Hebreos 13:5).

Por cierto, Dios podría darle un Mercedes. No cuente con ello, pero podría hacerlo. ¡Lo ha hecho por algunos! Pero tengo que ser tan honesto como pueda con usted: sí comienza a buscar cosas como esas va a ir más allá de querer más *de* Dios a querer más *beneficios de* Dios.

Pregunta: ¿Quiere más *de* Dios o quiere obtener más *beneficios de* Dios? Si usted sinceramente busca más *de* Dios y le da cosas que excedan lo que usted ha pedido o entendido, ¡qué bueno! Pero haga de buscar más *de* Él su objetivo: lo que lo honra, lo que no contrista al Espíritu

Santo, lo que lo faculte para conocer sus caminos y lo que le dará gran *paz*. Esto es lo que Jesús quiere decir con buscar *primeramente* su Reino *y* su justicia; es decir, la justicia que sobrepasa la de los fariseos. Significa que usted en verdad honra el Sermón del Monte y comprende lo que quería decir con el Reino.

Esta es la manera en que Dios quiere que vivamos.

Capítulo 4

ACEPTEMOS NUESTRAS LIMITACIONES

*Digo, pues, por la gracia que me es dada, a cada cual que
está entre vosotros, que no tenga más alto concepto de sí
que el que debe tener, sino que piense de sí con cordura,
conforme a la medida de fe que Dios repartió a cada uno.*
—ROMANOS 12:3

"TENGO UN DON —me dijo Billy Graham—. Es
presentar un ruego", esto es, invitar a las personas
a pasar al frente al final de su sermón. Creo que es
una evaluación modesta. Siempre insistió en que no era un
gran predicador. Estoy en desacuerdo. Yo pienso que era un
gran predicador. Hay quienes han dicho que Billy Graham
era un producto de la prensa. Si hubiera algo de cierto en
ello, ¿no fue Dios quien usó a los medios para exaltarlo?
Además, ¿quién entre nosotros no le daría la bienvenida a
casi cualquier canal, persona u organización que pudiera
difundir nuestro ministerio con mayor amplitud? Parte
de la unción propia está *conectada* con las puertas que
Dios abre en su soberanía y con las que estratégicamente
cierra. En otras palabras la unción propia no está limitada
al talento propio; la manera en que alcanza al mundo es

también parte de la unción propia. Abrir y cerrar puertas; eso es lo que hace Dios.

Uno de mis amigos más cercanos del Trevecca Nazarene College (ahora universidad) en la década de 1950 era Paul Hilton (no es su verdadero nombre). Quizá era la persona más brillante que he conocido. Competente en varios idiomas, Paul también se sentía en casa con la teología, la literatura, las matemáticas y la física. Él era, tengo que decirlo, bastante piadoso. Pero no era solicitado. Lloró abiertamente conmigo un día porque temía que "el mundo no descubriría su don". Era introvertido y muy aburrido estar con él —quizá yo era su único amigo— y no parecía tener madera de predicador. Unos años después se fue directo al mundo y se rehusó a mantener contacto conmigo. Hasta donde sé, murió sin ninguna renovación de arrepentimiento.

He pensado mucho en Paul a lo largo de los últimos sesenta años. ¿Por qué Dios le daría a la iglesia una mente tan ingeniosa sin darle un lugar correspondiente de utilidad? Tratar de encontrar la respuesta es, tan raro como le pueda parecer, caminar sobre "tierra santa". Esa es mi frase para lo que Dios no nos permite conocer. Es como cuando Moisés observó que la zarza ardiente no se consumía. Decidió investigar: "Iré yo ahora y veré esta grande visión, por qué causa la zarza no se quema". ¡Dios le dijo que se *detuviera!* "No te acerques; quita tu calzado de tus pies, porque el lugar en que tú estás, tierra santa es" (Éxodo 3:5). Moisés trató de dilucidar lo que estaba sucediendo. No se le permitió acercarse más. Era tierra santa.

Hay algunas cosas que Dios no nos permitirá saber; es decir, de este lado antes de ir al cielo. Mientras tanto, tratamos de dilucidar: ¿por qué tiene misericordia sobre algunos y no sobre otros? ¿Cuál es la diferencia entre lo que permite y lo que provoca? ¿Por qué Dios creó a la humanidad sabiendo que todos sufriríamos? ¿Por qué permite el mal? ¿Por qué no lo detiene si tiene el poder de hacerlo? Todos queremos respuesta a estas preguntas. Lo más cerca que podemos llegar a responder tales preguntas es que necesitamos tener fe. Cuando Jesús se enteró de que su amigo Lázaro estaba críticamente enfermo pudo haber llegado a Betania para sanarlo y evitar que muriera. Pero no. Dejó que Lázaro se muriera. Entonces les dijo a los doce que no sanó a Lázaro por causa de ellos con el fin de que creyeran. Jesús con toda intención dejó que Lázaro muriera en lugar de sanarlo. Al principio esto no tiene sentido. Nosotros, de la misma manera, queremos entender cómo es que la zarza ardiente no se consume. Pero Dios dice: "*Detente. Quítate los zapatos. Estás en tierra santa*".

Dios quiere que lo sirvamos sin tener todas nuestras preguntas respondidas.

Dicho lo cual, necesitamos reconocer la manera en que estamos "diseñados", la manera en que Dios nos hizo. Personalmente he descubierto que es uno de los procesos más dolorosos a través del cual me he hecho pasar. Permítame explicar.

He sido un hombre pujante toda mi vida. Mi padre me empujó a destacar. Mi primer trabajo fue venderles periódicos semanales a mis vecinos a los diez años. A los doce, repartía un periódico diario que requería que me levantara a las 5:00 todas las mañanas para llegar a la escuela a las 8:00 a. m. Años más tarde, hice lo mismo con el periódico local de la tarde, el cual yo repartía a ciento diez vecinos cada tarde al volver a casa de la escuela. Además de esto, mi padre quería que sacará la nota máxima en todas las materias. Tenía buenas intenciones, pero creo que quizá me impulsó un poco demasiado fuerte. En parte, como resultado de esto, me volví muy ambicioso. Ser ambicioso en mi caso con frecuencia me ha llevado a tratar de demostrar mi valor, pero también pienso de mí mismo más alto de lo que debo pensar.

Por eso, he encontrado doloroso tener que aceptar la manera en que Dios me ha hecho. En resumen, no soy Billy Graham. No soy el Dr. Martyn Lloyd-Jones. No soy Jonathan Edwards. No soy Charles Haddon Spurgeon. Pero quería serlo.

No tuve estos pensamientos aleccionadores hasta que me convertí en ministro de la Capilla de Westminster a los cuarenta y un años. Nunca soñé que estaría allí, pero antes de imaginármelo ya estaba allí siguiendo a G. Campbell Morgan (el favorito de mi padre, 1863-1945), John Henry Jowett (un maestro del púlpito, 1863-1923) y al Dr. Martyn Lloyd-Jones (mi principal mentor). La verdad es que nunca sentí que fuera mi púlpito, incluso después de veinticinco años allí. Era "el púlpito del doctor", en referencia al Dr. Martyn Lloyd-Jones (los que lo conocíamos siempre lo llamábamos "el doctor"). Al mismo tiempo sentía mi deber por lo menos intentar convertirme en un sucesor digno de estos gigantes.

Cuando llegaba a predicar un sermón bastante decente y las personas con buenas intenciones decían de mí: "Un digno sucesor del doctor", solo empeoraba las cosas. No era cierto, por supuesto. Pero yo sentía la necesidad de intentarlo de todos modos. Era ridículo que yo tuviera estos pensamientos en esa época, pero es la verdad: tontamente lo intentaba. Cómo desearía regresar el tiempo y volver a comenzar con el objetivo de aceptar la manera en que Dios me ha hecho. No estoy diciendo que hubiera tenido mayor éxito, pero estoy seguro de que habría predicado mejor. Es una tortura tratar continuamente de alcanzar un estándar poco realista que uno se ha impuesto.

Esto muestra la benignidad de Dios para con nosotros cuando dice que no debemos tener un concepto más alto de nosotros que el que debemos tener, sino que pensemos de nosotros con cordura conforme a la medida de fe que nos ha sido dada. Aunque es bastante humillante, quita la presión de lograr una meta poco realista. Uno es liberado. "Donde está el Espíritu del Señor, allí hay libertad" (2 Corintios 3:17). Entre más pronto aceptemos la medida de fe —es decir, el límite— que Dios nos ha dado, más pronto estaremos en paz con nosotros mismos.

En pocas palabras quizá sea doloroso tener que aceptar los límites de sus dones y talentos, pero es maravillosamente indoloro una vez que acepta la voluntad soberana de Dios para usted y, de la misma forma, los límites de su fe.

La palabra griega traducida como "medida" en Romanos 12:3 es *metron*. Juan 3:34 utiliza la misma palabra pero aquí la NVI la traduce como restricción cuando Juan se refiere a Jesús: "El enviado de Dios comunica el mensaje divino, pues Dios mismo le da su Espíritu sin restricción". Jesús, por lo tanto, tenía el Espíritu Santo sin restricción; lo cual quiere decir sin límite o sin medida. Usted y yo tenemos una medida de fe; nuestra fe tiene restricciones. Jesús tenía *todo* el Espíritu Santo; *todo lo que hay de Dios*. Esto explica mejor por qué Pablo está utilizando la misma palabra griega *metron*, traducida como "medida", pero que también significa restricción. Nuestra fe nos es dada soberanamente con cierta medida lo cual quiere decir que hay un límite sobre cuánta fe tenemos. Dios decide. Jesús no recibió el Espíritu

por medida o restricción; Jesús tenía todo lo que hay de
Dios e igualmente tenía una fe perfecta.

TRES TIPOS DE FE

Hay por lo menos tres usos para la palabra *fe* —en griego
pistis— en la Biblia.

1. *Fe salvífica.* Esto es la transferencia de nuestra confianza en las buenas obras a la obra
   consumada de Jesucristo en la cruz. Esto es lo
   mismo que una fe que justifica como dice en
   Romanos 3:22, 27; 4:5; 5:1. Jesús, por supuesto,
   no tenía este tipo de fe; ¡no necesitaba ser
   salvo! Pero nosotros la necesitamos; es lo que
   nos asegura el cielo cuando muramos.

2. *Fe persistente.* "Por tanto, de la manera que
   habéis recibido al Señor Jesucristo, andad en
   él" (Colosenses 2:6). La fe persistente sigue
   a la fe salvífica; es lo que nos guía a nuestra
   herencia. Tener más de Dios es una manera
   de describir nuestra herencia. Somos llamados a entrar en nuestra herencia; algunos lo
   hacen, algunos no. Hebreos 11 describe a esos
   robles que tuvieron una fe persistente.

3. *El don de fe.* Esta es la fe a la que se hace referencia en Romanos 12:3: "Que piense de sí
   con cordura, conforme a la medida de fe que
   Dios repartió a cada uno". No es fe salvífica,
   no es fe persistente, sino más bien es fe dada
   con referencia a circunstancias especiales,
   como en su llamado. Usted tiene un límite

de fe para esto. Esta es la fe a la que se hace referencia en la lista de dones del Espíritu en 1 Corintios 12:9.

Esto es lo que necesitamos saber acerca de este don de fe. Es lo que *Dios* da. Todos los dones del Espíritu son otorgados soberanamente; el Espíritu los da "como Él quiere" (1 Corintios 12:11). "Mas ahora Dios ha colocado los miembros cada uno de ellos en el cuerpo [de Cristo], como él quiso" (1 Corintios 12:18). Es crucial que comprendamos esto. Es el meollo del asunto. Dios es soberano. Podemos de manera apropiada pedir al Señor "aumenta nuestra fe" (Lucas 17:5), y ciertamente deberíamos procurar "los dones mejores" (1 Corintios 12:31). Pero el Dios que le dijo a Moisés: "Tengo clemencia de quien quiero tenerla, y soy compasivo con quien quiero serlo" (Éxodo 33:19, NVI) es el mismo Dios quien otorga la fe por medida. Dios puede dar fe o retenerla y ser justo de todas maneras.

No solo eso, sino que Dios determina la medida de nuestro éxito. Si tenemos éxito en lo que hacemos, Él se lleva *toda* la gloria. Si nos quedamos cortos de nuestros deseos por un mayor éxito, la responsabilidad es suya.

Esto me consuela y me ubica. Pablo dijo que esto nos debería ubicar. Por eso dice que cada uno "piense de sí con cordura" (Romanos 12:3). Esto significa: "No viva en un mundo de ilusión sobre lo exitoso que será".

ACEPTAR NUESTROS DONES NATURALES

Un reconocido líder cristiano en Gran Bretaña dijo cierta vez: "Si Dios me hubiera preguntado qué me gustaría ser, hubiera dicho: "Un judío por su rica herencia". Pero no lo hizo". ¿Qué le gustaría ser si pudiera decidir? ¿En qué siglo hubiera escogido haber nacido? ¿En qué país? ¿Qué padres le hubieran gustado? ¿Le hubiera gustado haber nacido en la realeza? ¿O ser un aristócrata? ¿Un genio?

No tiene que preocuparse. Dios ha quitado eso de nuestras manos.

> El Dios que hizo el mundo y todas las cosas que en él hay, siendo Señor del cielo y de la tierra, no habita en templos hechos por manos humanas, ni es honrado por manos de hombres, como si necesitase de algo; pues él es quien da a todos vida y aliento y todas las cosas. Y de una sangre ha hecho todo el linaje de los hombres, para que habiten sobre toda la faz de la tierra; y les ha prefijado el orden de los tiempos, y los límites de su habitación; para que busquen a Dios, si en alguna manera, palpando, puedan hallarle, aunque ciertamente no está lejos de cada uno de nosotros.
>
> —HECHOS 17:24-27

Le guste o no, Dios escogió a nuestros padres, el lugar y la hora de nuestro nacimiento, y nuestras habilidades naturales. Algunos teólogos lo llaman "gracia común", la bondad de Dios es para todos los hombres y mujeres. La "gracia especial" de Dios, dijo Juan Calvino (1509-1564).[1] En el nivel natural se nos ha dado cuerpo, mente, gustos, disgustos, propensiones, talentos, fortalezas y debilidades. No es llamada "común" porque sea ordinaria, sino porque Dios la ha dado a todas las personas en común. Su soberanía yace detrás de todas estas cosas. Esto significa que su talento, su coeficiente intelectual, el color de su cabello y de su piel, su estatura, su belleza física (sea normal o bien parecido) y su voz, todo proviene de la manera en que Dios lo hizo.

El asunto es, ¿aceptará esto? No significa que no desee algunas veces ser más inteligente, más alto o mejor parecido. Todos somos formados por nuestros padres y, por supuesto, el ambiente. Ese matón en el patio de juegos, ese maestro terrible, los que le tenían envidia o el hecho de que no se destacaba en los deportes es integral a la manera en que usted es hoy.

Usted fue conocido desde antes de la fundación del mundo (Efesios 1:4). Dios lo conoció como si no hubiera nadie más en el planeta, o, como lo dijo San Agustín, usted es amado como si no hubiera nadie más a quien amar.[2] Jesús dijo que los mismos cabellos de nuestra cabeza están contados (Lucas 12:7). Así de bien es como Dios nos conoce a cada uno de nosotros.

Dios quiere dos cosas para usted y para mí: (1) aceptar la manera en que nos hizo y (2) aceptar los límites de nuestra fe. Aceptar los límites de nuestra fe se puede rastrear a la elección soberana de Dios de nuestro papel en su Reino. Dios hizo a algunos apóstoles, a algunos profetas, a algunos evangelistas y a algunos maestros (Efesios 4:11). Ha escogido que algunos tengan dones específicos del Espíritu Santo (1 Corintios 12:8-10), algunos que presidan y que algunos tengan el don de ayudar a los demás (v. 28). Ha escogido a algunos para que tengan dones de alto perfil —como ser la cabeza o el ojo del cuerpo— y que algunos tengan dones de bajo perfil —como ser los riñones o el páncreas (vv. 14-24). Todas las partes del cuerpo son necesarias para funcionar; todos los dones y perfiles en el Cuerpo de Cristo son necesarios para que la Iglesia funcione.

La pregunta es ¿aceptará el papel que Dios *ya* le ha

impartido? Él tomó la decisión cuando lo creó y lo llamó por su gracia. En otras palabras, Dios ya decidió lo que quiere para usted.

Lamento si esto lo decepciona o lo molesta, pero es precisamente la razón por la que Dios dijo que cada uno de nosotros piense de sí con cordura. Dios nos ha dado una medida o restricción de fe conforme a nuestra creación y llamado. Por eso Pablo dijo:

> De manera que, teniendo diferentes dones, según la gracia que nos es dada, si el de profecía, úsese conforme a la medida de la fe; o si de servicio, en servir; o el que enseña, en la enseñanza; el que exhorta, en la exhortación; el que reparte, con liberalidad; el que preside, con solicitud; el que hace misericordia, con alegría.
>
> —ROMANOS 12:6-8

ENVIDIA

Nadie habla acerca del pecado de envidia. Entra a escena cuando alguno de nosotros tenemos una ambición que excede nuestra habilidad o sobrepasa lo que Dios ya ha decidido. Algunos se promueven a sí mismos al nivel de su incompetencia. Quieren liderazgo cuando no son líderes natos. Quieren predicar cuando, de hecho, escucharlos es mortalmente aburrido. Quieren estar bajo los reflectores cuando Dios los hizo el "intestino delgado" del cuerpo.

Cuando Jesús le dijo a Pedro como moriría, Pedro solo podía pensar en Juan. Estos son los antecedentes: cuando Jesús le dijo a Pedro:

"Te digo la verdad, cuando eras joven, podías hacer lo que querías; te vestías tú mismo e ibas adonde querías ir. Sin embargo, cuando seas viejo, extenderás los brazos, y otros te vestirán y te llevarán adonde no quieras ir". Jesús dijo eso para darle a conocer el tipo de muerte con la que Pedro glorificaría a Dios. Entonces Jesús le dijo: "Sígueme". Pedro se dio vuelta y vio que, detrás de ellos, estaba el discípulo a quien Jesús amaba, el que se había inclinado hacia Jesús durante la cena para preguntarle: "Señor, ¿quién va a traicionarte?". Pedro le preguntó a Jesús:

—Señor, ¿qué va a pasar con él?

Jesús contestó:

—Si quiero que él siga vivo hasta que yo regrese, ¿qué tiene que ver contigo? En cuanto a ti, sígueme.

—Juan 21:18-22, ntv

En lugar de aceptar lo que Jesús ya había decidido acerca de cómo moriría, Pedro quería saber cómo moriría Juan. Jesús en efecto dijo: "No es asunto tuyo. Tú sígueme".

Lo insto a permitir que este pasaje lo cautive. Lo que Jesús ordenó para Pedro es lo mismo que Dios ordena para cada uno de nosotros en su Reino. Nos ha dado una medida de fe. Nos ha dado un llamado en su Reino. Nos ha dado un don en su servicio. Nos ha dado cierta responsabilidad en el Cuerpo de Cristo. Para algunos será de alto perfil, para otros de bajo perfil; al igual que ser un órgano del cuerpo no tan visible como la cabeza, el ojo, la oreja y las manos.

Quizá no nos guste la manera en que Dios nos hizo. Quizá no nos guste donde nacimos. Es probable que nos sintamos defraudados por los padres que nos dio. Pudiera ser que estemos decepcionados con la responsabilidad que tenemos en su Reino. La pregunta es, ¿reflejaremos con cordura donde Dios nos ha puesto en su Cuerpo y lo aceptaremos?

Como dije previamente nuestra unción está conectada con el grado de influencia. Eso no significa que el mejor predicador alcanzará al mayor número de personas o que el predicador más aburrido alcanzará menos personas. Aunque considero a Billy Graham un gran predicador, también acepto que hay comunicadores con habilidades mayores para predicar que no alcanzan a tantas personas como él. De hecho, conozco algunos evangelistas muy buenos que alcanzan una porción diminuta de la población en comparación con los doscientos veinte millones de personas a las que Billy les predicó. También conozco algunos quienes aspiran a ser "el siguiente Billy Graham", "el Billy Graham de Italia" o "el Billy Graham de Brasil". Pero no son Billy Graham, y no se acercan siquiera a tener su influencia.

Por eso debemos aceptar dos cosas más: (1) la medida, o límite, de nuestra unción y (2) la medida o límite de nuestra influencia. La razón por la que algunos pueden predicar mejor que Billy Graham, pero no tienen su influencia es sencilla: es por el propósito soberano de Dios. Quizá traten de abrir puertas o derribarlas a golpes para ser más famosos o ser usados más ampliamente, pero están sinceramente engañándose a sí mismos.

Quizá diga: "Este capítulo no sé me aplica porque no soy predicador, nunca voy a estar en el centro del escenario del Reino de Dios". Yo respondo: "Por la gracia que se me ha dado, les digo *a todos ustedes*: Nadie tenga un concepto de sí más alto que el que debe tener" (Romanos 12:3, NVI, énfasis añadido). ¡Pablo se está dirigiendo a cada cristiano! Están los que profetizan y aquellos cuyo ministerio es animar. Todos debemos aceptar nuestros "dones de motivación" como algunos los llaman.

Con respecto a la profecía, Pablo dice que debemos profetizar "conforme a la medida de la fe" (Romanos 12:6). Esto significa que nos quedemos *dentro de los límites* de lo que Dios nos ha mostrado. Algunos dicen que profetizar en Romanos 12:6 se refiere a predicar. Lo dudo. Creo que Pablo se dirige a aquellos con dones proféticos, los que reciben una palabra de Dios y quieren compartirla. Pablo dice que tales personas nunca deben ir más allá de lo que les ha sido dado, sin importar cuán tentados se sientan de embellecer la palabra.

Lo mismo es cierto con respecto a todos los dones mencionados en Romanos 12: profecía, servicio, enseñanza, exhortación, repartir, presidir y misericordia. En otras palabras, debemos *descubrir nuestro nicho* en el Cuerpo de Cristo, y mantenernos en él. Nadie puede hacerlo todo. Incluso si esa persona tiene más de uno de estos dones de motivación: uno quizá sea líder y también maestro; o es probable que tenga el don de ayudar a otros y también ser profético. Pero uno debe pensar de sí *con cordura* y no promoverse a un nivel en el que no ha sido llamado por Dios.

Es probable que sea doloroso ser un mejor predicador que Billy Graham y solamente alcanzar unas docenas en lugar de miles. Sí. Y esta es la razón por la que debemos vivir "conforme" a la medida de fe —o la medida de éxito— que Dios nos ha dado. Su cerebro quizá sea más magnífico que el de Jonathan Edwards quien probablemente fue el mayor teólogo de la historia estadounidense, pero Dios quizá decida esconderlo a usted para su gloria.

"Eso no me hace sentido", quizá diga. Ese fue el problema de mi amigo Paul Hilton. No podía aceptar la posibilidad de que pudiera ser un genio y no ser usado por Dios. Quién sabe lo que Dios podría haber hecho con él si no se hubiera rebelado. Por lo tanto, lo insto, si usted es parecido, a que obtenga su gozo de saber que en el tribunal de Cristo usted estará contento de haber aceptado el papel que Dios le ha dado y su voluntad para usted.

¿Y si usted es el director general de una corporación, pero solamente un ujier o vigilante en la iglesia? ¿Y si usted es el presidente de una empresa pero no se le da una posición de alto perfil en su iglesia? ¿Y si usted es un universitario, un abogado, un contador, un médico o un profesor, pero tiene un perfil mínimo en la obra de Dios? ¿Puede vivir con esto? ¿Y si usted tiene el hábito de decirle a la gente qué hacer toda la semana, pero al venir a la iglesia, usted debe escuchar al siervo de Dios revelarle la Palabra de Dios?

Aceptar los límites de nuestra fe nos humilla. También nos llena de humildad aceptar un don de alto perfil. El asunto es: ¿qué es lo que honra a Dios en su situación?

> Ustedes los santos, quienes se afanan en la Tierra,
>   adoren a su Rey celestial,
> Y a partir de ahora, mientras anden, un alegre
>   himno canten;
> Tomen lo que da y a pesar de todo alábenle
> A través del bien y el mal, a Quien por siempre vive.[3]
>   —RICHARD BAXTER (1615-1691)

Sí. Tome lo que le dé. Acéptelo. No murmure. No se queje. No tenga envidia del que tiene un don o una posición que le hubiera gustado tener.

Si usted y yo queremos más de Dios, esta es una manera de demostrarlo en una manera inmensa. No será suficiente con seguir diciendo: "Te amo, Señor", o: "Todo lo que deseo eres Tú", o incluso: "Estoy desesperado por ti". Mostramos cuánto más queremos de Dios por medio de aceptar su voluntad. Esto prueba que queremos más de Él, porque de esta manera dignificamos su voluntad.

Capítulo 5

LA GLORIA

Porque amaban más la gloria de los
hombres que la gloria de Dios.
—JUAN 12:43

"MANTENGAN LA GLORIA abajo".[1] Esas eran las palabras que solía repetir el Dr. Phineas Bresee (1838-1915) fundador de mi antigua denominación, la Iglesia del Nazareno. Antes de morir, se fue de iglesia en iglesia con este mensaje. ¿Por qué? Era porque los primeros nazarenos carecían de grandes intelectos, personas adineradas y buenas relaciones, pero tenían una cosa: la "gloria", como él lo llamaba. Temía que la perdieran.

Yo sé lo que quería decir. Aunque fui nazareno de tercera generación, mi antigua iglesia en Ashland, Kentucky, todavía tenía un toque de lo que Bresee llamaba la "gloria". Era la presencia de Dios que se manifestaba en la gente a través de gritar, correr, llorar y saltar. Crecí viéndolo. Los vecinos nos llamaban "ruidarenos". Recuerdo vívidamente a la gente que caminaba en los pasillos, algunas veces corría y gritaba: "Gloria, gloria, gloria". Algo semejante a esto son las palabras de Salmos 29:9 (NTV): "En su templo todos gritan: "¡Gloria!"". Era espontáneo. Sin duda había mucho de la carne que se movía. Siempre sucede. Pero seguía siendo lo que con mayor certeza le dio a la Iglesia del Nazareno —fundada en 1908— su rápido crecimiento. Bresee sabía que si alguna vez perdían esto, estaban acabados.

Cuando vine por primera vez a Inglaterra en 1973, y comencé a conocer mejor al Dr. Martyn Lloyd-Jones y a su esposa, mi trasfondo nazareno fue lo que más me hizo granjear su afecto. El doctor acababa de leer una biografía del Dr. Bresee y estaba convencido de que había algo genuino en los primeros nazarenos. "No olvide su trasfondo nazareno —me decía una y otra vez—. Eso es lo que lo ha salvado". Él pensaba que eso me había salvado de ser duro y frío como muchas personas reformadas quienes, temía, se habían vuelto "perfectamente ortodoxas y perfectamente inútiles". La noche que la Capilla de Westminster votó para nombrarme su ministro, me llamó por teléfono con este consejo: "Predique como un nazareno".

USOS DE LA PALABRA GLORIA

La palabra *gloria* abraza tanto lo tangible como lo intangible. Lo tangible significa algo que puede ser visible y experimentado; llegó a ser conocido como la *shekinah*, una palabra que apareció primero en la literatura rabínica. Lo intangible se refiere principalmente a la *fuente* de nuestra aprobación, alabanza y honor. En otras palabras, ¿quiere la alabanza que viene de los hombres o la alabanza que viene de Dios?

Debemos examinar dos palabras en los idiomas antiguos que se traducen como "gloria".

1. Kabod

En el Antiguo Testamento la palabra para gloria es *kabod*. Es una palabra que significa "pesado"; como en peso o estatura. Es como cuando la gente "hace sentir su peso". Esa es en parte de la idea de *kabod*. No obstante, esto se puede aplicar a las veces en que el Espíritu Santo desciende con poder; y el resultado es un peso santo en la atmósfera. La esposa del Dr. Martyn Lloyd-Jones, quien personalmente experimentó el Avivamiento de Gales (1904-1905), solía hablarme de eso. Su padre la puso en un tren en la Estación de Paddington en Londres después de sacarla de la escuela para que pudiera ser testigo del Avivamiento de Gales. "Siempre podrá ir a la escuela —dijo su padre—, pero es probable que nunca vuelva a ver un avivamiento". Aunque era una niña de seis años en esa época, hablaba de una atmósfera en la que a veces apenas y podía jadear para respirar. Los que han experimentado el fenómeno de la Bendición de Toronto han testificado sentir un peso sobre ellos que no les permite moverse. Varias personas me han contado experiencias muy similares. Una de ellas me dijo que después de haber caído al piso bajo el poder del Espíritu le pidió "a esta persona que se quitara de mi espalda para que me pudiera levantar, pero no había nadie".

2. Doxa

La palabra griega *doxa* se traduce como "gloria". Es la palabra de la cual proviene doxología. Significa alabanza y honor. Proviene de una palabra raíz qué significa opinión. Por medio de esta interpretación, la gloria de Dios es la opinión o voluntad de Dios. Esto concuerda con las palabras de Pablo: "En él asimismo tuvimos herencia, habiendo sido predestinados conforme al propósito del que hace todas las cosas según el designio de su voluntad, a fin de que seamos para alabanza de su *gloria*, nosotros los que primeramente esperábamos en Cristo" (Efesios 1:11-12, énfasis añadido).

Si tomamos en cuenta todo lo que significa *doxa*, la gloria de Dios es la dignidad de su voluntad. Los que escogen la gloria o alabanza de la gente pierden el derecho al honor o a la alabanza que podría haber provenido de Dios; lo cual es precisamente lo que hacían los fariseos en la época de Jesús. Amaban más la alabanza qué provenía de la gente, que la alabanza que proviene de Dios (Juan 5:44; 12:43). La consecuencia de esto fue que se perdieron al Mesías.

Si combinamos *kabod* y *doxa* gloria significa la manera en que Dios *elige* manifestarse. Él es soberano; no podemos torcerle el brazo para hacerlo que haga lo que desearíamos.

LA PALABRA HECHA CARNE

Dios se manifestó en la carne: Jesucristo de Nazaret. Él es la combinación de *kabod* y *doxa*. "Y aquel Verbo fue hecho carne, y habitó entre nosotros (y vimos su gloria, gloria como del unigénito del Padre), lleno de gracia y de verdad" (Juan 1:14).

Dios ha manifestado su gloria en incontables maneras desde entonces. Mientras Jesús estaba en esta Tierra, la gloria de Dios brillaba a través de la enseñanza, la predicación, la sanidad y los milagros. El primer milagro fue transformar el agua en vino. "Y manifestó su *gloria;* y sus discípulos creyeron en él" (Juan 2:11). Cuando Jesús resucitó a Lázaro de entre los muertos, fue una manifestación de la gloria de Dios (Juan 11:4, 40).

NUESTRO PACTO DE ORACIÓN

Introduje un Pacto de Oración en la Capilla de Westminster en 1994. Unas trescientas personas se anotaron para orar diariamente entre otras cosas por "la manifestación de la gloria de Dios en medio de nosotros junto con una apertura cada vez mayor a la manera en la que Él escoja manifestar esa gloria en nosotros". Yo sabía que Dios podía manifestarse de maneras sorprendentes e incómodas. También sabía que la mayoría de los miembros británicos de la Capilla de Westminster probablemente no estaban preparados para algunas de las maneras en que Dios ha manifestado su gloria en la historia de la Iglesia. Como mencioné en un capítulo anterior, después de que Jonathan Edwards predicó su sermón "Pecadores en manos de un Dios airado" (1741) la gente se sostenía de las bancas de la iglesia y de los troncos de los árboles para evitar resbalar al infierno.

En el Avivamiento de Cane Ridge (1801) en el condado de Bourbon, Kentucky, cientos cayeron al piso y se quedaron acostados durante horas bajo el poder del Espíritu Santo. ¡Yo quería que nuestra gente estuviera abierta a la manera en que Dios escogiera manifestarse! Lo que yo esperaba era una manifestación de la *kabod*. Al final, la manera en que Dios decidió manifestar su gloria fue principalmente reteniéndonos la *kabod*. Aceptamos la dignidad de su voluntad, *doxa*, al mayormente *pasarnos de largo* y bendecir iglesias como la Holy Trinity Brompton con la *kabod* en lugar de a nosotros. Después de todo, Dios es soberano, y dignificar su voluntad —cual esta sea— es traerle el más alto honor.

Otros usos de "gloria"

El total de todos sus atributos

La gloria de Dios es lo más cerca que puede llegar a la "esencia" de su ser. Considere los diferentes atributos de Dios: omnisciencia (lo sabe todo), omnipresencia (está en todos lados), omnipotencia (es todopoderoso; puede hacer cualquier cosa), soberanía (tiene misericordia del que tiene misericordia), justicia (es justo y está determinado a castigar el mal); misericordia (no desea castigarnos), santidad (no tolerará el pecado), amor (es afectuoso con toda su creación) e ira (siente enojo en contra del pecado). El total de todos estos atributos es *gloria*. La gloria de Dios es la suma de todos sus atributos. Es la palabra que abarca todos estos atributos simultáneamente. Por eso Esteban se refirió a Él como el "Dios de gloria" (Hechos 7:2).

La shekinah

Los rabinos utilizaban esta palabra para describir lo que es sobrenatural; es decir, lo que está más allá o por encima de lo natural. Es la transliteración de una palabra hebrea que significa "morada" o "establecer la presencia divina de Dios". Es una palabra utilizada para describir lo que es verdaderamente milagroso, aquello que desafía la explicación natural. Por ejemplo:

> Entonces una nube cubrió el tabernáculo de reunión, y la gloria de Jehová llenó el tabernáculo. Y no podía Moisés entrar en el tabernáculo de reunión, porque la nube estaba sobre él, y la gloria de Jehová lo llenaba. Y cuando la nube se alzaba del tabernáculo, los hijos de Israel se movían en todas sus jornadas; pero si la nube no se alzaba, no se movían hasta el día en que ella se alzaba. Porque la nube de Jehová estaba de día sobre el tabernáculo, y el fuego estaba de noche sobre él, a vista de toda la casa de Israel, en todas sus jornadas.
> —ÉXODO 40:34-38

La shekinah el Viernes Santo

Desde el mediodía hasta las 3:00 p. m. del Viernes Santo "hubo tinieblas sobre toda la tierra" (Mateo 27:45). Este *no* fue un eclipse de sol, como algunos han especulado. Era la shekinah; la nube que descendió como testigo divino de la sangre derramada por Jesús. Cuando Dios le presentó el Día de la Expiación a Moisés, prometió: "Yo apareceré en la nube sobre el propiciatorio" (Levítico 16:2). Esa nube era oscura. Cuando la nube llenó el templo a la llegada del arca del pacto, los sacerdotes no podían ministrar porque: "La gloria de Jehová había llenado la casa de Dios" (2 Crónicas 5:14). Entonces Salomón dijo: "Jehová ha dicho que él habitaría en la oscuridad" (2 Crónicas 6:1). Las tinieblas del Viernes Santo eran precisamente eso: el sello de Dios sobre la muerte expiatoria de Jesús en la cruz.

La shekinah en tiempos más recientes

Una vez escuché al pastor Jack Hayford, posiblemente el líder carismático más respetado en los Estados Unidos, hablar de un evento que sucedió en su iglesia años antes en un sábado. Miró dentro del auditorio y vio una neblina. "Es lo que piensas que es", le dijo el Señor. Esto sucedió cuando su iglesia era joven, con una asistencia de probablemente trescientos. Después de ese día, su iglesia comenzó a crecer y crecer hasta que alcanzó miles. Jack vincula este crecimiento con ese sábado en el que vio la bruma.

En abril de 1956, en mi antigua iglesia en Ashland, Kentucky, un miembro laico —Ed Lynn—, interrumpió el servicio. Comenzó a caminar hacia adelante y hacia atrás del pasillo central y gritando que "ichabod" (lo cual significa la gloria ha partido) estaba escrito sobre la iglesia. Una neblina vino sobre el auditorio, y surgió una controversia.

Muchos de los presentes sintieron que Ed estaba en la carne y fuera de orden. Otros lo vieron como una maravillosa manifestación de la presencia de Dios. Añadiré dos cosas aquí: (1) ese servicio me iba a cambiar para siempre, y (2) mi antigua iglesia, después de eso, gradualmente comenzó a reducir en número y apoyo. La que fue una de las iglesias más estratégicas y de influencia en la denominación se volvió pequeña e insignificante. Yo interpreto que la bruma era el sello de Dios sobre el servicio, para comunicar que la palabra de Ed de que la gloria había partido era profética.

¿Quiere más de Dios? Si es así, deberá *amar* la gloria de Dios, lo cual significa que debe apreciar la manera en que decida manifestarse —sin importar lo incómodo que lo haga sentir—, pero también aceptar su voluntad —sin importar lo decepcionado que usted quizá quede—. Jonathan Edwards enseñó que lo único que Satanás *no puede* hacer es darle a uno amor por la gloria de Dios. Si usted ama la manera en que Dios se manifiesta, es una buena señal de que quiere más de Dios; si le encanta lo que Él decide hacer, es una buena señal de que quiere más de Dios.

GLORIA VACÍA

Si usted ama la alabanza de la gente más que la gloria que proviene de Dios, se encuentra en compañía de una vasta cantidad de personas. Pero tal reconocimiento es una gloria vacía. Se convirtió en la ruina de los fariseos, ya que vivían por la alabanza de los demás. Todo lo que hacían era ser "vistos por los hombres" (Mateo 23:5), ya fuera dar a los pobres (Mateo 6:1-4), orar (vv. 5-8) o ayunar (vv. 16-18). Que las personas admiraran sus actos piadosos valía el mundo para ellos, pero Jesús dijo que tal admiración era su máxima y única recompensa, ya no habría más recompensa para ellos; la alabanza de la gente *lo* era. No les cruzó por la mente ir en pos del honor que proviene solo de Dios (Juan 5:44). Eso no se encontraba en su pantalla de radar. Tal pensamiento les era totalmente ajeno. Por supuesto que recibían gloria, pero era una gloria vacía, sin propósito, vana y sin valor.

Irónicamente, anhelar la alabanza del hombre está arraigado en el temor del hombre. Las personas temían decir cosas buenas acerca de Jesús, no fueran a ser expulsados de la sinagoga. "Con todo eso, aun de los gobernantes, muchos creyeron en él; pero a causa de los fariseos no lo confesaban, para no ser expulsados de la sinagoga. Porque amaban más la gloria de los hombres que la gloria de Dios" (Juan 12:42-43). El temor del hombre es una trampa (Proverbios 29:25).

Muchas personas se pierden de lo que Dios hace en nuestros días por la misma razón. Hubo quienes tuvieron miedo de respaldar el Avivamiento de Gales porque no quisieron perder a sus amigos. Hubo quienes se mantuvieron lejos de la Bendición de Toronto porque temían el rechazo. Conozco misioneros famosos que fueron rechazados por la iglesia que los apoyaba porque fueron a Toronto para que oraran por ellos. Fueron a Toronto porque querían más de Dios; ¡eso era todo lo que querían! Escogieron la alabanza de Dios, en lugar del respaldo de su iglesia. Perdieron el apoyo de su iglesia, pero han fundado miles de iglesias en Mozambique, África.

Dos figuras de la Biblia se construyeron monumentos. El primero fue el rey Saúl quien "se levantó un monumento" en Carmel (1 Samuel 15:12). Imagínese qué lamentable; tomó la decisión de tener un monumento edificado en su propio honor en lugar de esperar el honor que podría haber venido de Dios. Su vida terminó en una tragedia inefable: suicidio (1 Samuel 31:4).

La otra persona fue Absalón, un hijo de David. "Y en vida, Absalón había tomado y erigido una columna, la cual está en el valle del rey; porque había dicho: Yo no tengo hijo que conserve la memoria de mi nombre. Y llamó aquella columna por su nombre, y así se ha llamado Columna de Absalón, hasta hoy" (2 Samuel 18:18). Él fue el hombre que se puso en contra de su padre, el rey David, y se robó el corazón del pueblo. Llevó a David a tener que abandonar su trono en Jerusalén un tiempo. Dios más tarde restauró a David en el trono, mientras que removió a Absalón, cuya vida también terminó en tragedia (2 Samuel 18:15).

Es impresionante que tanto Saúl como Absalón consideraban a David su enemigo común. Tanto Saúl como Absalón querían dejar una marca en su generación. Se preocupaban por cómo los recordaría la gente. En cambio, David oró: "Libra mi alma de los malos [...] de los hombres mundanos, cuya porción la tienen *en esta vida*" (Salmos 17:13-14, énfasis añadido).

Esta vida no es todo lo que hay. Hay más. Un día estaremos delante del tribunal de Cristo (2 Corintios 5:10). Lo que se decida en ese momento y en ese lugar eclipsará lo que considerábamos importante aquí y ahora. Nuestra vida en la Tierra determinará el veredicto: la opinión de Dios sobre cómo vivimos.

Gloria vacía. Eso es exactamente lo que el diablo quiere darle. Eso es lo que uno obtiene cuando busca su propia gloria. Saúl lo hizo. Absalón lo hizo. Los fariseos lo hicieron. La gloria vacía va para los que quieren la alabanza de la gente más que la alabanza de Dios. Cuando usted quiere más de Dios que cualquier otra cosa en este mundo, debe estar alerta a la alabanza de la gente, no sea que pierda la alabanza que Dios quiere darle.

LAS PETICIONES DE MOISÉS

Moisés le hizo dos peticiones a Dios que valen la pena examinar aquí. Lo primero fue esto: "Ahora, pues, si he hallado gracia en tus ojos, te ruego que me muestres ahora tu camino, para que te conozca, y halle gracia en tus ojos; y mira que esta gente es pueblo tuyo" (Éxodo 33:13). Nunca olvidaré haber leído este versículo en un avión de Nueva York a Miami como si fuera la primera vez. Me sacudió con fuerza de la cabeza a los pies. Me sentí tan convencido de pecado. Fue como si todas mis peticiones por más unción parecieran vanas. ¿Cuál era mi motivación para más unción? Podía ver lo egoísta que era. Pero en contraste, la petición de Moisés era por más de Dios: "Te ruego que me muestres ahora tu camino, *para que te conozca*". ¿Qué escogería ahora: más unción o conocer los caminos de Dios? El deseo supremo de Pablo: "Lo he perdido todo a fin de conocer a Cristo" (Filipenses 3:10, NVI).

Temo que mi deseo por una mayor unción era solo querer más *beneficios de* Dios, ya que pensaba que me ayudaría a enseñar y predicar mejor. Pero lo que quería Moisés era más *de* Dios: conocerlo.

¿Cuántos de nosotros queremos buscar a Dios sin otro motivo más que conocer *cómo es Él*? Por un momento olvide lo que Dios pueda hacer por nosotros, ¿cómo es Él? ¿Quiere saber cómo es Dios? ¿Conocerlo tal como es? ¿Conocer sus caminos? Si nunca lo vuelve a usar; ¿todavía querría conocerlo y sus caminos? Pregúntese: ¿sirvo a Dios solo por lo que puede hacer por mí? ¿Me importa cómo es Él?

Estas preguntas me dejan pasmado. Revelan mis motivos. Es vergonzoso. Dicho lo cual, parte de las consecuencias de ver la gloria es ver nuestro pecado. Isaías vio la gloria del Señor y entonces clamó: "¡Ay de mí! que soy muerto; porque siendo hombre inmundo de labios, y habitando en medio de pueblo que tiene labios inmundos, han visto mis ojos al Rey" (Isaías 6:5).

La otra petición que hizo Moisés: "Te ruego que me muestres tu gloria" (Éxodo 33:18). Su deseo quizá haya sido por la *kabod*: ver la gloria tangible de Dios. ¿Quién no querría ver esto? Pero lo que recibió fue un toque básico de la *kabod* y una revelación masiva de *doxa*, la opinión de Dios:

> Y le respondió: Yo haré pasar todo mi bien delante de tu rostro, y proclamaré el nombre de Jehová delante de ti; y tendré misericordia del que tendré misericordia, y seré clemente para con el que seré clemente. Dijo más: No podrás ver mi rostro; porque no me verá hombre, y vivirá.
>
> —ÉXODO 33:19-20

Este momento le enseñó a Moisés la soberanía de Dios. Había visto anteriormente que Dios es un Dios celoso, lo cual fue revelado al inicio de los Diez Mandamientos (Éxodo 20:5). Pero en el tabernáculo de reunión, a Moisés se le dijo que Dios tendría misericordia de quien el tuviera misericordia y que sería clemente con quien sería clemente. Pablo repitió esto en Romanos 9 cuando reveló más de la soberanía de Dios (Romanos 9:15). La soberanía de Dios es su prerrogativa para hacer lo que decida con quién decida.

Es parte del privilegio de ser Dios, si lo puedo decir así. Nosotros, por lo tanto, debemos dejar que Dios sea Dios. Eso fue lo que aprendió Moisés. Sin importar lo cercano que era Moisés a Dios, Moisés solo podía recibir lo que Dios decidía dar.

> Y dijo aún Jehová: He aquí un lugar junto a mí, y tú estarás sobre la peña; y cuando pase mi gloria, yo te pondré en una hendidura de la peña, y te cubriré con mi mano hasta que haya pasado. Después apartaré mi mano, y verás mis espaldas; mas no se verá mi rostro.
> —Éxodo 33:21-23

Moisés nunca podría exigirle algo a Dios. Él solo podría pedir. Siempre estaría en el extremo que ruega. Debemos acercarnos a Dios como el leproso se acercó a Jesús: "Señor, si quieres, puedes limpiarme" (Mateo 8:2). Cuando el leproso le dijo eso a Jesús era equivalente a decir: "Señor, sé que no tienes que sanarme, pero si lo deseas, sé que me puede sanar". Jesús respondió: "Quiero" (Mateo 8:3). Como lo dijo Juan el Bautista: "No puede el hombre recibir nada, si no le fuere dado del cielo" (Juan 3:27).

A Moisés solo se le permitió ver la espalda de Dios; un mero reflejo del *kabod*. Pero en el rostro de Jesucristo vemos la plenitud de gloria de Dios. Dios nos ha dado la "iluminación del conocimiento de la gloria de Dios en la faz de Jesucristo" (2 Corintios 4:6).

La soberanía de Dios, la celosía de Dios y la gloria de Dios están entrelazadas. Moisés aprendió esto. Primero pidió conocer los "caminos" de Dios. Luego pidió ver la "gloria" de Dios. Y vino la respuesta: "Tendré misericordia del que tenga misericordia".

¿Cómo lo hace sentir? ¿Quiere un Dios así? Precaución: Si usted no ama a un Dios así, podría mejor sugerirle que usted no quiere más *de* Él. Jonathan Edwards dijo que el diablo no puede darle amor por la gloria de Dios; eso es algo que solo Dios puede impartir. La carne no le dará amor por la gloria de Dios; la carne no vale para "nada" (Juan 6:63, NVI). Pero si tenemos un amor genuino por la gloria de Dios, nuestro Dios actúa de manera soberana en nosotros. Significa que tenemos una relación sincera con Dios, una que no es falsa. La carne no puede darle amor por la gloria de Dios o por el Dios de gloria. Pero si usted ama al Dios de gloria —el Dios celoso y soberano— puede estar plenamente seguro: usted muestra que es una persona que quiere más de Dios.

UN PÚBLICO DE UNO SOLO

Alguna vez se ha preguntado ¿cómo fue que los judíos se perdieron a su Mesías? Habían orado durante generaciones: "Oh, si rompieses los cielos, y descendieras" (Isaías 64:1). No había un solo fariseo o saduceo que pensara que el Mesías podría venir y que ellos pudieran perdérselo. Estas personas pensaban que era imposible que el Mesías apareciera y que no fuera reconocido por ellos. Eran semejantes a un ministro en Londres quien me escribió: "Si el avivamiento viniera a Londres, yo lo sabría". ¿En serio?

Los judíos fallaron en reconocer a su Mesías prometido porque como dijo Juan: "Amaban más la gloria de los hombres que la gloria de Dios" (Juan 12:43). Por eso Jesús les hizo esta pregunta: "¿Cómo podéis vosotros creer, pues recibís gloria los unos de los otros, y no buscáis la gloria que viene del Dios único?" (Juan 5:44). La respuesta es:

no se puede. ¿Cómo podemos creer, cuando escogemos la alabanza de los hombres en lugar de la alabanza de Dios? No podemos.

Jesús, por lo tanto, mostró una conexión inseparable entre la habilidad de creer y la búsqueda personal de la gloria de Dios. Esto va para mostrar que un deseo de obtener más de Dios tiene un beneficio secundario: un incremento en su fe. No solo eso; es probable que usted no se pierda de lo que Dios está haciendo hoy. Jonathan Edwards nos enseñó que la tarea de cada generación es descubrir en qué dirección se mueve el redentor soberano y luego moverse en esa dirección. Pero ¿cómo sabrá en qué dirección se mueve el Redentor soberano? Respuesta: Se volverá aparente cuando usted haga un esfuerzo por obtener su aprobación frente a la alabanza que viene de la gente.

Los fariseos querían un público de muchas personas. Entre más, mejor si podían demostrar su piedad. Vivían no solo para agradar a la gente; anhelaban la admiración de todos, su motivación se convirtió en ser "piadosos", pero ellos, al igual que algunos de los puritanos ingleses, amaban la piedad más que a Dios.

Una audiencia de Uno —solo Dios— no les atraía. Pero Jesús quería que sus seguidores fueran distintos. Mire sus instrucciones en Mateo 6:

- Cuando se trata de dar, debemos hacerlo en secreto —no delante de los hombres— para que nuestro Padre "que ve en lo secreto" nos recompense en público (v. 4).

- Cuando se trata de orar, somos igualmente instruidos a hacerlo en una habitación a solas y cerrar la puerta para que nuestro Padre "que ve en lo secreto" nos recompense en público (v. 6).

- Cuando ayunamos, no debemos dejarlo saber, sino ayunar delante de una audiencia de Uno "que ve en lo secreto", y Él nos recompensará en público (v. 18).

¿La enseñanza de Jesús lo cautiva? Espero que sí. Significa que usted quiere más y más de Dios. Significa que usted está haciendo un esfuerzo por eludir la alabanza de la gente con el fin de tener la alabanza de un Dios celoso.

Malaquías dijo: "Entonces los que temían a Jehová hablaron cada uno a su compañero; y Jehová escuchó y oyó". Aunque hablaron entre sí, estaban conscientes de la audiencia de Uno. "Y fue escrito libro de memoria delante de él para los que temen a Jehová, y para los que piensan en su nombre" (Malaquías 3:16). Jesús dijo: "Mas yo os digo que de toda palabra ociosa que hablen los hombres, de ella darán cuenta en el día del juicio" (Mateo 12:36). Cuando hablamos entre nosotros, debemos estar más conscientes de Dios que de los demás. Él escucha. Él observa. Como el antiguo cántico espiritual dice:

> Él ve todo lo que haces, escucha todo lo que dices;
> Mi Señor está escribiendo todo el tiempo, tiempo,
> tiempo;
> Él ve todo lo que haces, escucha todo lo que dices;
> Mi Señor está escribiendo todo el tiempo.[2]
>
> —ANÓNIMO

¡Esto es espeluznante! Pero hay esperanza si somos convencidos del pecado de haber descuidado y dejado de lado buscar el honor que solo proviene de Dios.

Esta enseñanza debería afectar a los que somos maestros o predicadores. Este principio gobernó al apóstol Pablo. Dijo que cuando predicaba, hablaba delante de Dios, de una audiencia de Uno. "Nosotros predicamos la palabra de Dios con sinceridad y con la autoridad de Cristo, sabiendo que Dios nos observa" (2 Corintios 2:17, NTV).

Temo que he fallado miserablemente en esta área. Recuerdo haber predicado en Bournemouth, Inglaterra, hace veinticinco años. Fue a la Gente de Pascua (como eran llamados en ese entonces), probablemente unas dos mil personas. Quería que me fuera bien e hice mi mejor esfuerzo. Lo normal era que al final alguien venía de inmediato a donde estaba el predicador y le decía: "Gracias por esa palabra" o algo parecido. Pero nadie me dijo nada. Me avergüenza admitir que me quedé allí varios minutos, para esperar a que *alguien* me diera una palabra de ánimo. Que me quedara al final fue bastante revelador de que no le estaba predicando a una audiencia de Uno, sino de dos mil.

Como sentí que no me había ido muy bien que digamos, me subí al coche y batallé con disfrutar el viaje de dos horas de vuelta a Londres. Le pregunté al Señor: "¿Qué te pareció mi sermón esta noche?". No es que siempre responda una pregunta como esa, pero puedo decirle que no recibí *nada* del Señor. Me recuperé en un día o dos y luego me olvidé de ello hasta hace un año cuando estaba predicando en Wembley, Londres. Se me acercó una dama y me dijo:

—Quizá no recuerde esto, pero hace veinticinco años usted le predicó a la Gente de Pascua en Bournemouth.

—Por supuesto; recuerdo bien ese servicio —respondí.

—¿En serio? — preguntó—. Yo me convertí esa noche.

Quedé asombrado. Fue la primera clave de que no me había ido tan mal. También muestra que Dios elude a los de nosotros que olvidamos a la audiencia de Uno y esperamos agradar a la gente.

He citado Juan 5:44 en este libro y en la mayoría de los libros que he escrito. A lo largo de los años he buscado ser gobernado por este versículo. He fallado muchas, muchas veces. Incluso al escribir este libro, me encuentro rayando en querer hacer un excelente trabajo al escribir, pero con el objetivo (por favor, Dios) de obtener la alabanza solo de Él.

Es una meta elevada: aspirar a la alabanza de Dios y no a la aprobación del hombre. Es fácil ser un fariseo. Uno no tiene que ir a la universidad para aprender cómo ser un fariseo. Es prueba de lo que los teólogos llaman pecado original. Está en todos nosotros.

¿Qué es, entonces, la gloria que viene del Dios único? Pienso en dos cosas. Primero, Dios algunas veces con generosidad nos da un testimonio interno del Espíritu. Es un dulce sentimiento de que usted genuinamente se esforzó por agradarlo solo a Él; y Él se lo deja saber. Es tan bueno. Segundo, todo saldrá a la luz en el tribunal de Cristo. Es cuando Jesús nos mirará y (esperemos) dirá: "Bien hecho".

Yo quiero eso más que ninguna otra cosa.

Capítulo 6

LA SUPERESTRUCTURA

Porque nadie puede poner otro fundamento que el que está puesto, el cual es Jesucristo. Y si sobre este fundamento alguno edificare oro, plata, piedras preciosas, madera, heno, hojarasca, la obra de cada uno se hará manifiesta; porque el día la declarará, pues por el fuego será revelada; y la obra de cada uno cuál sea, el fuego la probará. Si permaneciere la obra de alguno que sobreedificó, recibirá recompensa. Si la obra de alguno se quemare, él sufrirá pérdida, si bien él mismo será salvo, aunque así como por fuego.
—1 Corintios 3:11-15

ENCIONÉ EL AVIVAMIENTO de Cane Ridge (1801) en el capítulo anterior. Hablo mucho de él dondequiera que voy. Hago referencia a él en varios de mis libros incluyendo, *Stand Up and Be Counted* [Levante la voz], que tiene un breve prefacio escrito por Billy Graham. En *A Prophet With Honor: The Billy Graham Story* [Un profeta con honor: La historia de Billy Graham], el autor William Martin menciona el Avivamiento de Cane Ridge. Con toda razón lo llama el "segundo Gran Despertar" de los Estados Unidos.[1] En el Museo Británico investigué el avivamiento hace años y le di seguimiento por medio de leer tanto de él como pudiera ya que vivía en Hendersonville,

Tennessee. La chispa que encendió el avivamiento vino de un lugar cerca de Red River en la frontera entre Kentucky y Tennessee en 1800; a solo una hora de donde ahora vivo en Hendersonville. El Espíritu Santo cayó con gran poder en un servicio de comunión en una iglesia presbiteriana, y la gente convino en reunirse el siguiente año en Cane Ridge, Kentucky. Fue el inicio de las reuniones en el campo, cuando miles venían en sus carretas cubiertas a Bourbon County, Kentucky, a un área conocida como Cane Ridge a convivir y estudiar la Biblia.

Recuerdo que algunos relatos mencionan que la mañana del domingo 9 de agosto de 1801, un predicador laico metodista se puso de pie sobre un árbol caído y comenzó a predicar sobre 2 Corintios 5:10:

> "Porque es necesario que todos nosotros comparezcamos ante el tribunal de Cristo, para que cada uno reciba según lo que haya hecho mientras estaba en el cuerpo, sea bueno o sea malo".
>
> —2 CORINTIOS 5:10

Aproximadamente quince mil personas lo escuchaban de pie. Cientos cayeron espontáneamente al suelo. Nadie oró por ellos. Nadie los empujó. Simplemente cayeron. Algunos entraron en pánico por temor a que habían muerto. Pero después de unas horas, estas mismas personas se levantaron gritando con gozo y con la seguridad de su salvación. Otros también comenzaron a caer. Entre el domingo y el miércoles, cayeron de bruces al suelo no menos de quinientas personas.[2] Un participante dijo: "El ruido era como el rugir del Niágara" por la gran cantidad de personas.[3] El jueves siguiente, la mayoría de las personas se dirigieron a casa y regresaron al trabajo.

El Avivamiento de Cane Ridge solamente duró cinco o seis días. El Gran Despertar de Nueva Inglaterra duró quince años o más (aproximadamente de 1735 a 1750). Podemos rastrear la existencia del *Bible Belt* (traducido como Franja Bíblica, son ciertos estados mayormente sureños de EE. UU. que tienden a ser conservadores, teológicamente evangélicos y reflejan un índice mayor de asistencia a la iglesia) en los Estados Unidos a esos dos despertares.[4] Algunos historiadores creen que el Gran Despertar de Nueva Inglaterra llevó directamente a la Declaración de Independencia el 4 de julio de 1776.

Los dos despertares tuvieron esto en común: *un enfoque en lo que sucede cuando morimos.* Lo que me cautiva cerca de ambos avivamientos es la importancia de la vida después de la tumba. Mucha de la predicación de hoy se trata del aquí y el ahora; y con frecuencia proviene de una perspectiva existencial, aun y cuando los que predican no pueden definir ese término. Estamos en la generación del "yo" y la gente se agolpa para escuchar este tipo de enseñanza que "hace sentir bien". Es mi perspectiva que viene un gran despertar. Cuando venga, significará una restauración del evangelio puro junto con una enseñanza robusta del cielo y el infierno. Por favor, vea mi libro *¿Qué pasó con el Evangelio?* (Casa Creación).

El enfoque de este capítulo está sobre el tribunal de Cristo y cómo podemos prepararnos para él. El grado en el que usted quiere más de Dios será revelado y recompensado en el tribunal de Cristo.

Le puse por título a este capítulo "La superestructura" porque hay dos dimensiones que deben ser consideradas cuando se trata de querer más de Dios: (1) querer más de Él en el aquí y el ahora y (2) lo que eso significa en el tribunal de Cristo. Pablo nos prepara para el tribunal de Cristo con una *metáfora* que muestra dos cosas: (1) los cimientos de un edificio y (2) la superestructura sobre esos cimientos.

El fundamento es Jesucristo. O usted se encuentra sobre el fundamento o no. Si usted está sobre Él, es salvo; está "en Cristo" y se irá al cielo cuando muera (2 Corintios 5:17; vea también v. 21; Efesios 4:1). Si no se encuentra sobre Él, está perdido y se irá al infierno cuando muera. Además, no hay posibilidad de edificar una superestructura si no se encuentra sobre el fundamento. Por lo tanto, si usted es salvo o está perdido es determinado por dónde se encuentra *sobre* ese fundamento. Una vez sobre Él, usted es salvo por la eternidad. No puede caerse de ese fundamento. Puede caer en él, pero no de él. Cómo lo dijo Charles Spurgeon (1834-1892), usted puede estar en un gran barco y resbalarse o caer dentro de él pero no se caerá de él. No pretendo defender esta enseñanza aquí, pero usted podría leer mi libro *Once Saved, Always Saved* [Una vez salvo, siempre salvo] si es una enseñanza que le gustaría entender más.

Dichas estas cosas, si usted está en Cristo, el fundamento, hay una superestructura que debe ser edificada si quiere más de Dios y una recompensa en el tribunal de Cristo. La calidad de la superestructura determina si usted recibirá una recompensa en el tribunal de Cristo.

LOS MATERIALES QUE VAN EN LA SUPERESTRUCTURA

Pablo escogió la metáfora de oro, plata, piedras preciosas, madera, heno y hojarasca para ilustrar cómo se otorgan los galardones en el tribunal de Cristo. En "el día" —lo cual significa el día del tribunal de Cristo— el *fuego* declarará la calidad de nuestra superestructura. Para saber lo que Pablo quiere decir con esto, hágase la pregunta: de esos materiales —madera, heno, hojarasca, oro, plata, piedras preciosas— ¿qué se puede quemar? ¿Madera? Sí. ¿Heno? Sí. ¿Hojarasca? Sí. ¿Oro? No. ¿Plata? No. ¿Piedras preciosas? No.

Estos materiales se refieren a nuestras obras (nuestros actos y acciones). Las buenas obras no nos salvarán (Efesios 2:8-9), pero determinarán nuestra recompensa en el tribunal de Cristo. Las obras, por lo tanto, importan. No contribuyen con la salvación; el fundamento garantiza eso. Pero las obras van en la superestructura. En el tribunal de Cristo, Dios recompensará sus buenas obras; representadas en la metáfora de oro, plata y piedras preciosas. El fuego no las destruirá. No obstante, las malas obras son vistas en la metáfora de madera, heno y hojarasca.

Usted quizá pregunte: "¿Puede una persona que ha sido salva verdaderamente tener malas obras?". Lo triste es que sí. ¿Alguna vez ha perdido la paciencia? ¿Alguna vez ha mostrado sentimientos de envidia? ¿Ha guardado un resentimiento? ¿Ha dicho cosas fuera de orden; como cuando un pequeño fuego enciende un grande bosque (Santiago 3:5)? Podría seguir y seguir.

Imagine estos seis materiales combinados en una sola cosa, y luego imagínese derramar gasolina, o combustible, sobre ellos, encender un fósforo, y echarlo en el montón. Después de un par de minutos ¿qué encontraría? Solo el oro, la plata y las piedras preciosas. La madera, el heno y la hojarasca se habrían consumido. En el día del juicio Dios enviará fuego para determinar la calidad de nuestra superestructura. Nuestras malas obras —madera, heno y hojarasca— se consumirán. Si hay buenas obras oro, plata y piedras preciosas sobrevivirán y, dice Pablo, si lo que hemos construido sobrevive recibiremos una recompensa (1 Corintios 3:14). Pero supongamos que la superestructura de alguien está construida enteramente de madera, heno y hojarasca. Pablo responde en el versículo 15: "Si la obra de alguno se quemare, él sufrirá pérdida [de la recompensa], si bien él mismo será salvo [porque está sobre el fundamento], aunque así como por fuego" (la versión NVI dice: "Pero como quien pasa por el fuego"). Según esto es posible por lo menos en teoría que una persona salva no tenga buenas obras qué mostrar en el tribunal de Cristo.

Personalmente preferiría creer que la ausencia de buenas obras de un hombre o mujer verdaderamente salvos es solo en teoría, pero solo Dios es el juez. "Así que, no juzguéis nada antes de tiempo, hasta que venga el Señor, el cual aclarará también lo oculto de las tinieblas, y manifestará las intenciones de los corazones; y entonces cada uno recibirá su alabanza de Dios" (1 Corintios 4:5).

Con frecuencia cito a Martín Lutero cuando dice que espera tres sorpresas cuando llegue al cielo: (1) los que se sorprenderá de ver allá, (2) los que no estarán, pero que esperaba ver y (3) ¡que él mismo esté ahí! Si me permite parafrasear a Lutero, yo también espero tres sorpresas en el tribunal de Cristo: (1) los que recibirán una recompensa que me sorprenderá, (2) los que serán salvos como por fuego que yo hubiera pensado que recibirían una recompensa y (3) ¡que yo mismo reciba una recompensa en el tribunal de Cristo!

La pregunta que sigue es: ¿qué son buenas obras? La respuesta: son obras hechas en obediencia a la Palabra de Dios. Para repetir, Pablo las compara con oro, plata y piedras preciosas. ¿Qué son las malas obras? La respuesta:

son obras hechas por los que son desobedientes a la Palabra de Dios. Pablo las compara a cosas como madera, heno y hojarasca.

EJEMPLOS DE OBRAS CONSTRUIDAS CON ORO, PLATA Y PIEDRAS PRECIOSAS

Sana doctrina

Somos responsables de lo que creemos. Sí, usted recibirá una recompensa en el tribunal de Cristo por haber sostenido la *verdad* de Dios. Usted debería ser lo suficientemente sabio como para detectar una herejía: cualquier enseñanza que se desvíe de la Santa Escritura. Somos responsables en realidad por sostener la verdad. Si usted es llevado por doquiera de todo viento de doctrina, no es bueno. Nada bueno. Usted no es responsable por ser inteligente, intelectual, preparado académicamente o brillante. Es lo que su *corazón* anhela, buscar la verdad de Dios, lo que importa —eso incluye no avergonzarse de la infalibilidad de la Biblia—. Las palabras de Jesús nos ayudan a hacer esta conexión en Juan 7:17: "El que quiera hacer la voluntad de Dios, conocerá si la doctrina es de Dios, o si yo hablo por mi propia cuenta".

Lo que es crucial: amor por la verdad. Si usted tiene amor por la *verdad* —sin importar a dónde lleve o lo que cueste— va a estar en buena forma. No importa qué enseñanza o maestro deba abandonar, encuentre la verdad de la Biblia y sosténgala. La manera en la que usted puede saber que no está siendo engañado es que sinceramente desee hacer la voluntad de Dios. Si usted quiere conocer genuinamente la voluntad de Dios y persevera para conocerla, puede estar seguro de que no será desviado cuando se trate de una enseñanza. La suposición aquí también es que usted conoce bien la Biblia. ¿La conoce?

Hace muchos años, cuando todavía estaba en el seminario en Louisville, Kentucky, consideré seriamente irme a Alemania a obtener un doctorado. Conocí a alguien que insistía en que necesitaba ir allá si quería pensar a profundidad y luchar con las ideas más hondas. Decidí hacerlo. Por la providencia de Dios, un profesor de mi antiguo seminario cuyo nombre era Dr. Wayne Ward (1921-2012) me previno. Me dijo algo en lo que no había caído en cuenta, y en lo que jamás había pensado; es decir, que para obtener un doctorado alemán no necesitaba estar en busca de la verdad, sino inventar cualquier idea que pudiera ser lo suficientemente destacada como para que me otorgaran un doctorado. En los departamentos de teología de las universidades alemanas no están en pos de la verdad, dijo el Dr. Ward, sino de cualquier idea novedosa que no haya sido presentada antes. Me ubicó, pero también me salvó de una decisión horrenda.

También me ayudó a pensar en los muchos, muchos teólogos alemanes de los últimos dos siglos que han tenido tanta influencia; los cuales siempre comienzan nuevas tendencias, pero que nunca terminan con una verdad sólida. Me gustaría creer que hay excepciones. No obstante, "no van en pos de la verdad —dijo el Dr. Ward, sino de— cualquier idea innovadora que pueda llevarlos a convertirse en profesores". Añadió que los profesores bajo los cuales estaría estudiando obtuvieron sus doctorados de la misma manera. "No estaría estudiando con hombres que quieren la verdad". Esta era solo la opinión del Dr. Ward en esa época, por supuesto, y uno podría esperar que las cosas sean diferentes ahora. Pero hasta el día de hoy le agradezco a Dios por el Dr. Ward y su advertencia.

Si quiere la *verdad*, dice Jesús, busque conocer y seguir la voluntad del Padre y rinda su vida personal y privada a Él. La verdad no se aprende por medio de ser intelectual, cerebral o inteligente, sino por su obediencia a las Santas Escrituras. Esa fue la defensa de Jesús cuando fue confrontado por los judíos de su época. Si los judíos querían saber si su enseñanza provenía de Dios, les dijo que buscaran y siguieran la voluntad de Dios.

La manera en que usted muestra que quiere más de Dios es por medio de leer su Palabra regular y consistentemente con la visión de asimilar la verdad doctrinal de su Palabra. No necesita ser un teólogo elocuente, sino conocer lo que cree y por qué. Ser capaz de reconocer y resistir lo que no es verdad es igual a aprender a reconocer y a resistir al diablo. La sana doctrina es esencial para una fuerte superestructura que soportará la prueba del fuego en el tribunal de Cristo.

Una cosa más, he llegado al punto en el que ahora digo que si quiere conocer lo que la Biblia enseña pregúntele a un liberal. Pregúntale a un liberal lo que enseña la Biblia acerca del infierno, el matrimonio gay, el teísmo abierto y el universalismo. ¡Los liberales lo saben porque esa es precisamente la razón por la que son liberales y ya no creen en la Biblia! Pero la situación ha cambiado tanto en los últimos años que los evangélicos han tratado de aferrarse a la infalibilidad de la Escritura y a las mismas doctrinas que los liberales defienden. Así que lo que tenemos ahora es una ola cada vez mayor de personas que quieren llamarse a sí mismos evangélicos y aferrarse a la infalibilidad bíblica, pero que han sido convencidos de cada enseñanza liberal, desde el universalismo al aniquilacionismo y desde el matrimonio gay al teísmo abierto.

Lo digo con tanto amor y con tanta firmeza cómo puedo.

Si quiere más de Dios no debe avergonzarse de lo que los cristianos han defendido con firmeza durante los últimos dos mil años. No se avergüence de lo que usted sabe que enseña la Biblia.

Andar en la luz

"Pero si andamos en luz, como él está en luz, tenemos comunión unos con otros, y la sangre de Jesucristo su Hijo nos limpia de todo pecado" (1 Juan 1:7). Comience por caminar en la verdad —a donde quiera que lo lleve— incluso si eso significa tener que renunciar a ideas queridas que usted descubrió que no estaban basadas en la Biblia. Jesús dijo que él es "la luz del mundo" (Juan 8:12). Dijo: "Yo soy el camino, y *la verdad*, y la vida; nadie viene al Padre, sino por mí" (Juan 14:6, énfasis añadido). Envío a su Espíritu Santo quién es el "Espíritu de verdad" (Juan 14:17). Jesús le dijo a Pilato: "Todo aquel que es de la verdad, oye mi voz" (Juan 18:37).

Pero andar en la luz también incluye aceptar la voluntad de Dios para usted: para su vida personal, para su vida privada. Dios lo quiere a *usted*. A medida que lo busque, tarde o temprano, encontrará la necesidad de cambiar. ¡Casi siempre requiere salir de su zona de comodidad!

Tomé una decisión fundamental en mayo de 1982. Como algunos de mis lectores saben invité a Arthur Blessitt a predicar a la Capilla de Westminster. Mi motivación era tener la oportunidad de acercarme a él. Lo vi como lo más cercano a ser como Jesús que cualquier otra persona que hubiera conocido. Pero dijo algo que no esperaba: "Necesitamos salir a la calle y hablar con la gente acerca de Jesús".

Pensé: "Válgame". Esta no fue la razón por la que lo llamé. Pero, por supuesto, fui con él.

Entonces vino otra decisión difícil: ¿Lo haría sin Arthur después de que se fuera de Londres a otro lugar? Un viernes en la noche, en mayo de 1982 tuve la visión de una llama piloto, la llama que nunca se apaga en una parrilla o un horno. En ese momento supe que tenía que convertirme en un *ganador de almas a nivel personal*. Hasta ese momento pensaba que estaba haciendo mi deber de ganar almas por medio de predicar fielmente el evangelio desde el púlpito. Estaba por descubrir que es más fácil predicar desde el púlpito que entregar folletos de evangelización entre el Palacio de Buckingham y la estación Victoria. Sí. Y también sabía lo que *tenía que hacer*; y nuestro ministerio Pilot Light [Llama piloto] nació.

En otras palabras, anduve en la luz que Dios me dio. Ahora creo que si no hubiera andado en la luz en ese tiempo, Dios me hubiera hecho a un lado, y me hubiera convertido en el hombre del ayer. Estoy tan agradecido de que por su gracia tomé el paso inmenso de continuar con ministrar a las personas uno a uno. Lo he mantenido desde entonces hasta ahora.

Para algunos, *andar en la luz* se refiere a la doctrina. Para otros significa meter la mano en su cartera, como diezmar. Para otros significa practicar el perdón total hacia sus enemigos; absolverlos completamente. Para otros, podría significar cambiar de empleo o cambiar de empresa, o cambiar de dieta o bebida. Para algunos, podría significar entrar al ministerio o ir al campo misionero en un país extranjero; la disposición de hablar u orar en lenguas; tener que dejar una posición dura que tomaron en contra de cierta enseñanza o ministerio.

Caminar en la luz de Dios, según es revelado por el Espíritu Santo desarrolla una superestructura de oro, plata y piedras preciosas. ¡Cuál sea el precio que tenga que pagar — reputación, vergüenza o inconvenientes— vale la pena! No lo lamentará aquí en la Tierra y estará muy contento por ello en el tribunal de Cristo.

Ustedes, por su parte, ambicionen los mejores dones (1 Corintios 12:31, NVI)

Es probable que las personas afectas a la Palabra necesitan más este versículo que las personas inclinadas al Espíritu. Como saben algunos de mis lectores, sostengo que ha habido un divorcio silencioso en la iglesia generalmente entre la Palabra y el Espíritu. Cuando hay un divorcio algunos niños se quedan con la madre y otros con el padre. En este divorcio tenemos a los que están del lado de la Palabra, quienes enfatizan correctamente la exposición de la Biblia, el evangelio y la teología sana, como la justificación solo por fe y la soberanía de Dios. "Lo que necesitamos es doctrina sólida", dicen. Los que están del lado del Espíritu correctamente enfatizan el libro de los Hechos, las señales, las maravillas y los milagros, con los dones del Espíritu en operación. "Lo que necesitamos es poder", dicen.

Mi punto de vista: necesitamos ambos; la combinación simultánea resultará en combustión espontánea.

. Si hablamos en general, las personas que prefieren la Palabra enfatizan el fruto del Espíritu, como en Gálatas 5:22-23. Mientras que las personas que prefieren el Espíritu tienden a enfatizar los dones del Espíritu, como en 1 Corintios 12:8-10. Con toda seguridad necesitamos ambos.

Pero con frecuencia hay un obstáculo para muchos que prefieren la Palabra: el asunto de hablar u orar en lenguas. Pienso que nunca hubiera existido una enseñanza cesasionista si no hubiera sido por el don de lenguas. Hablar en lenguas es lo que provoca el estigma. El cesasionismo es la enseñanza de que lo milagroso "cesó" después de la era de los apóstoles. No hay ninguna Escritura que lo avale: ninguna. Pero algunos son inamovibles al respecto y convierten sus prejuicios en dogma y afirman que Dios mismo decidió que los dones cesaran hace tiempo. Una absoluta tontería. No obstante, nadie estaría en contra de dones como palabra de sabiduría, profecía o hacer milagros. Pero como Pablo inserta las "lenguas" en esta lista muchas personas se ponen inquietas.

"Pero —dicen algunos de los que prefieren la Palabra— Pablo dijo que procuráramos los 'dones mejores' y con toda seguridad los dones mejores serían la palabra de sabiduría, la fe, la palabra de ciencia, etc.". Son rápidos en señalar que las lenguas se encuentran "al final de la lista y por lo tanto son las menos importantes".

Está bien. Pero yo respondo: "¡Estén dispuestos a *empezar desde abajo* si quieren más de Dios!". Es difícil que exista un estigma mayor para muchos cristianos el día de hoy que el asunto de las lenguas. ¿No estaría dispuesto a llevar *cualquier* estigma si sufrir la ofensa significara más de Dios?

Con tristeza temo que algunos no considerarán hablar en lenguas. Lo resistirán hasta el fin. ¡Algunas personas que prefieren la Palabra se esconden detrás de cualquier exégesis o principio doctrinal que les dé un escape para no tener que hablar en lenguas!

Este es el asunto: hablar en lenguas es el único don del Espíritu que desafía su orgullo. Aquí es donde todo se mueve.

Piénselo, querido lector. Estoy de acuerdo: "¿Tenemos todos la capacidad de hablar en idiomas desconocidos?

[…] ¡Por supuesto que no!" (1 Corintios 12:30, NTV). Pero hubiera pensado que usted debería estar dispuesto a hacerlo. Y volverse vulnerable y no apresurarse a tomar válvulas de escape que pudieran exentarlo. Para algunos, este podría ser el punto de decisión, de si proceden o no en su búsqueda por obtener más de Dios. Un amigo mío que estudiaba en Princeton bajo el Dr. Bruce Metzger le hizo una pregunta (el Dr. Metzger era posiblemente el más grande erudito en griego del siglo XX). La pregunta que se le hizo fue: "¿Pablo se refería a orar en lenguas cuando escribió acerca de orar con gemidos indecibles en Romanos 8:26-27?". Metzger respondió: "Por supuesto que Pablo se refería a eso". El Dr. Metzger era presbiteriano y probablemente cesasionista, pero tuvo suficiente integridad y objetividad para reconocer esto delante de mi amigo.

Ganar almas

"… el que gana almas es sabio" (Proverbios 11:30). ¿Alguna vez se ha preguntado por qué Dios bendijo a Billy Graham? ¿Alguna vez se ha preguntado por qué Dios bendijo a los Gedeones, Judíos para Jesús, Arthur Blessitt o a D. James Kennedy y a la iglesia Coral Ridge Presbyterian Church de Fort Lauderdale, Florida? Un hilo común corre a través de estos hombres y organizaciones: han sido ganadores de almas. Eso es todo. Su enfoque era singular: el deseo de ver personas convertirse a Jesucristo.

En los días en los que estábamos en nuestro mayor tiempo de prueba en la Capilla de Westminster —cuando seis de nuestros doce diáconos se pusieron en mi contra— existía la posibilidad de que fuera expulsado. Toda la difícil situación se centraba en una causa: *un incremento en la intensidad del evangelismo*. Si nunca hubiéramos invitado a Arthur Blessitt, nunca hubiera existido un problema con los diáconos que se pusieron en contra de nuestro ministerio. Si Arthur Blessitt nunca nos hubiera llevado a las calles de Westminster nunca hubiera existido un alboroto entre los miembros tradicionales. Es cierto que a algunos en la capilla no les gustaba cantar coros o los himnos antiguos. Es cierto que algunos consideraban el que yo presentara un llamado a recibir a Cristo como ir en contra de la práctica del Dr. Martyn Lloyd-Jones. Pero si nunca hubiéramos comenzado Pilot Light Ministry, el diablo no habría sido azuzado.

Durante el punto álgido de la controversia (de abril de 1982 a enero de 1985) la mitad de los diáconos estaban determinados a echarme del ministerio de la Capilla de Westminster. Durante ese tiempo mi viejo amigo Harry Kilbride me dijo una y otra vez que sobreviviría porque todo el asunto estaba conectado directamente con la razón por la que Dios envió a su hijo a morir en una cruz, es decir, que las almas fueran salvadas. Harry siempre supo que sobreviviríamos. Harry sabía que Dios me apoyaría solo por eso si no fuera por otra razón.

He pensado mucho en eso. Después de todo, *la razón* por la que Jesús murió en la cruz fue para salvar al mundo. Todo se trataba del evangelismo: ganar almas. "Venid en pos de mí, y os haré pescadores de hombres" (Mateo 4:19). Esa fue la *única* razón por la que Arthur Blessitt nos llevó a las calles: para hablar con la gente acerca de dónde pasarían la eternidad. Reconozco que Arthur Blessitt ha guiado más personas a Cristo uno-a-uno que cualquier otro ser humano en la historia. Como mencioné, cuando vino a pasar un total de seis semanas para predicar en la Capilla de West- minster, me dijo: "Necesitamos salir a las calles". Eso no me emocionó. Pero honré a Arthur y lo secundé. Eso fue lo que llevó a los mayores problemas, pero igualmente llevó al sentido de gozo y libertad más plenos que hemos conocido en la Capilla. No que haya venido el avivamiento. Quizá un toque. Pero estábamos mucho, mucho mejor de lo que estábamos en los años que precedieron a su venida; cuando solo seguíamos la tradición.

Yo nunca volví a ser el mismo después de esos días. Aprendí cómo testificarle a un paseante en la Puerta de Buckingham. También me convertí en un ganador de almas personal. No sé cuántos se hayan convertido de manera genuina a lo largo de los treinta y cinco años desde entonces, pero supongo que he guiado a mil o más a hacer la Oración del Pecador, sea en trenes, aviones, taxis o en su hogar. Habrá jefes de estado en el cielo gracias a esta manera personal de ganar almas. Habrá personas ordinarias en el cielo por esta misma razón. Sobre todo, mi hambre por más de Dios ha incrementado porque me convertí en un ganador de almas. Esto sin mencionar las ideas que me ha dado el Espíritu de Dios que han llevado a los libros que he escrito, comenzando con *God Meant It for Good* [Dios lo encaminó a bien].

Lo exhortaría —a usted que lee estas líneas— a que se aplique estas palabras. Quizá esto se encuentre *demasiado* fuera de su zona de comodidad, pero le preguntaré con franqueza ¿ha guiado a un alma a Cristo personalmente? ¿Habla con las personas acerca de Jesús y su necesidad de ser salvas, lo hace? El que usted tenga más de Dios podría estar vinculado con este mismo asunto. No va a funcionar tratar de compensar por esta falta de testimonio, como ayunar o incrementar sus ofrendas, sin importar lo importantes que son estos sacrificios. Ganar almas es sin duda edificar una superestructura con oro, plata y piedras preciosas.

No olvide las palabras de Pablo a Filemón: "[Oro] Para que la participación de tu fe sea eficaz en el conocimiento de todo el bien que está en vosotros por Cristo Jesús" (Filemón 1:6).

Pureza sexual

Hace varios años cuando estaba en Spring Harvest en el Reino Unido, escuché a otro predicador y entonces se me pidió que ministrara a algunas personas que pasaron al frente después de su sermón. Habló sobre el tema de la liberación. Cuando pienso en ese tema, mi mente se va hacia la guerra espiritual, el área de lo demoniaco y demás. Pero para mi sorpresa, de las varias personas que aconsejé, *cada una de ellas* —desde un joven soltero a parejas casadas y la esposa de un vicario— vinieron a hablar de sus problemas sexuales. Los cuales abarcaban desde masturbación pasando por impotencia y frigidez hasta infidelidad. Había tratado con estos asuntos en la sacristía de la Capilla de Westminster, pero no estaba preparado para tratar con ellos esa noche. Todos ellos necesitaban oración de liberación con respecto a su vida sexual.

La pureza sexual es un problema para muchos, desde líderes cristianos de alto perfil pasando por sacerdotes católicos y cristianos solteros a personas de bajo o ningún perfil en las iglesias. En estos días más que nunca, se encuentra en la mente de todos. Esta es la manera en que Hollywood florece y la manera en que los programas de TV obtienen audiencia; vende productos de casi cualquier tipo y divide familias. Billy Graham en cierta ocasión le dijo a un amigo mío que, al parecer, el diablo llega a setenta y cinco por ciento de la mejor gente de Dios a través de la tentación sexual. No hay nada que traiga desgracia sobre el nombre de Jesucristo y la reputación de la iglesia como el pecado sexual. A los periódicos y revistas les encanta cuando un líder cristiano cae; exprimen la historia hasta sacarle la última gota de jugo. Entre más cristianos ceden a la tentación sexual, más el mundo puede decir: "No son distintos a nosotros".

"El sexo no nació en Hollywood, sino en el trono de la gracia", como recuerdo que el Dr. Clyde Narramore (1916-2015) solía decir. Con frecuencia se citan las palabras de Martín Lutero cuando dijo que Dios utiliza el sexo para impulsar al hombre al matrimonio, la ambición para impulsar al hombre al servicio y el temor para impulsar al hombre a la fe.[5] Pero en la actualidad es raro que una persona espere hasta casarse para tener sexo. Lo triste es que esto es cada vez más cierto con los cristianos también. Conozco a demasiados pastores y vicarios quienes barren este asunto debajo del tapete por temor a tener que despedir a varios cristianos solteros que están durmiendo unos con otros. Un prominente predicador evangélico dio un duro sermón sobre mantener la pureza sexual hasta el matrimonio, pero lo tuvo que quitar de su sitio web una semana después porque muchos se quejaron y amenazaron con dejar de asistir a la iglesia.

La masturbación es el pecado principal de muchos cristianos y también de muchos ministros. El Dr. Martyn Lloyd-Jones me dijo que "cientos" de predicadores acudieron a él con este asunto. La masturbación es por comparación menos serio que el acto físico de la fornicación o el adulterio. Solemos definir *fornicación* como una persona soltera que tiene sexo fuera del matrimonio; el *adulterio* se aplica a las personas casadas que son infieles. Codiciar rompe con la interpretación de Jesús del Séptimo Mandamiento: "No cometerás adulterio" (Éxodo 20:14). Jesús dijo que solo ver a una persona con codicia es cometer adulterio en el "corazón" (Mateo 5:28), lo cual es la razón por la que ver o leer pornografía es pecaminoso. Quizá usted piense que ver pornografía es inocente ya que "no le hace daño a nadie". Pero tiene el efecto de destruir el matrimonio porque las personas a veces encontrarán la pornografía más excitante que el acto físico. Y puede llevar a la impotencia en muchos jóvenes por la misma razón.

Usted quizá pregunte: "¿Puede una persona mantener la pureza sexual si se permite masturbarse, pero no comete el acto externo de fornicación?". Con toda sinceridad, no lo sé. Tampoco quiero ser injusto. Esto podría caer bajo la categoría de ocuparse de su salvación con "temor y temblor" (Filipenses 2:12). Lo mismo se podría aplicar al sexo homosexual. Uno no debe ser condenado por sus tendencias, pero una persona homosexual debe resistir la tentación al igual que cualquier persona heterosexual. Trato con esto en mi libro que ya está fuera de imprenta *God is for the Homosexual* [Dios es para el homosexual].

Resistir la tentación de tener sexo fuera del matrimonio heterosexual ayuda a construir una superestructura de oro, plata y piedras preciosas. En otras palabras, si quiere más de Dios lo demostrará al resistir la tentación sexual. No fue fácil para José cuando la esposa de Potifar coqueteó con él. Lo sabemos porque "huyó" (Génesis 39:12). No fue fácil para él. Prometía ser la "aventura perfecta": ella no le diría a su marido, y nadie que conociera a José (allá en Canaán) se iba a enterar jamás. Pero él dijo: "¡No!". Y los ángeles dijeron: "¡Sí!". Él quizá no sabía que había sido marcado para ser el primer ministro de Egipto algún día.

Dios tiene un plan para usted; sea joven o viejo. No lo eche por la borda al ceder a la tentación sexual. Dios también quiere que usted termine bien. No permita que la impureza sexual interrumpa su caminar con Dios. No vale la pena *para nada.*

Perseverar en fe

Es esencial perseverar hasta el final si usted quiere construir una superestructura de oro, plata y piedras preciosas. Estoy agudamente consciente que personas bien intencionadas y capaces enseñan que no perseverar hasta el final significa que usted se irá al infierno cuando muera porque nunca se convirtió. Con certeza sé porque creen esto. Pero en lo personal estoy convencido de que hay quienes en verdad se han convertido, pero que, por alguna razón, se dan por vencidos a causa de un desánimo extremo, fallan en resistir la tentación o caen como los descritos en Hebreos 6:4-6.

> Porque es imposible que los que una vez fueron iluminados y gustaron del don celestial, y fueron hechos partícipes del Espíritu Santo, y asimismo gustaron de la buena palabra de Dios y los poderes del siglo venidero, y recayeron, sean otra vez renovados para arrepentimiento, crucificando de nuevo para sí mismos al Hijo de Dios y exponiéndole a vituperio.

El autor de Hebreos compara a esos cristianos judíos —verdaderamente convertidos— con los israelitas de la antigüedad a quienes Dios juró en su irá que nunca entrarían en su reposo (Hebreos 3:11). El "reposo" —o la Tierra Prometida (la tierra de Canaán)— es a lo que renunciaron. Son como los que no construyeron una superestructura de oro, plata y piedras preciosas. Serán salvos como por fuego, pero perderán su recompensa (1 Corintios 3:14-15).

Con toda certeza *no* estoy diciendo que todos los que hacen una profesión de fe o se bautizan son salvos. Para nada. Pero espero ver a esos israelitas que celebraron la Pascua y cruzaron el mar Rojo en el cielo. Lo triste es que la mayoría de ellos no agradaron a Dios (1 Corintios 10:5). Dios juró en su ira que no entrarían a la Tierra Prometida. Hebreos 6:4-6 se refiere a personas salvas —como los israelitas de la época de Moisés— quienes no entraron en su herencia, o bien, perdieron su recompensa. Para un estudio mayor, consulte *Are You Stone Deaf or Rediscovering God?* [¿Está completamente sordo o redescubriendo a Dios?] el cual es mi enfoque completo de Hebreos 6.

Dichas estas cosas, los cristianos que en verdad son salvos, pero quienes, por alguna razón, no terminaron bien, no recibirán recompensa. Repito, es bastante posible que muchos de estos cristianos *nominales* que no son nacidos de nuevo, al morir se perderán eternamente. Yo he llegado a creer que algunos de los que son salvos no han sido liberados por completo de los malos hábitos —o decepcionan a Dios por alguna razón— y no recibirán recompensa en el tribunal de Cristo. Temo que personas como esas muestran que no querían más de Dios. Y, no obstante, debo añadir que no soy su juez. ¡Ni tampoco usted! Recordemos las palabras de Pablo:

> "Así que, no juzguéis nada antes de tiempo, hasta que venga el Señor, el cual aclarará también lo oculto de las tinieblas, y manifestará las intenciones de los

corazones; y entonces cada uno recibirá su alabanza de Dios".

—1 Corintios 4:5

Esta es una paráfrasis de la afirmación de Lutero antes mencionada: habrá algunos que reciban una recompensa en el tribunal de Cristo de quienes he pensado que con toda seguridad no recibirían recompensa; habrá quienes no reciban recompensa en el tribunal de Cristo quienes pensé que con toda seguridad lo recibirían. Pero la mayor sorpresa de todas será si yo recibo una recompensa en el tribunal de Cristo.

En 1 Corintios 9:27 Pablo no estaba seguro de haber alcanzado tal recompensa:

> Sino que golpeo mi cuerpo, y lo pongo en servidumbre, no sea que habiendo sido heraldo para otros, yo mismo venga a ser eliminado.

Ese soy yo. En este momento. Aunque soy un anciano, quizá me queden años por delante. No puedo perder mi salvación, pero *podría* quedarme corto de mi herencia; o recompensa. Ese era Pablo aproximadamente en 55 A. D. Pero en 65 A. D., en su última epístola —mientras esperaba ser ejecutado en cualquier momento en Roma— ¡pudo afirmar haber obtenido lo que quería!

> Porque yo ya estoy para ser sacrificado, y el tiempo de mi partida está cercano. He peleado la buena batalla, he acabado la carrera, he guardado la fe. Por lo demás, me está guardada la corona de justicia, la cual

me dará el Señor, juez justo, en aquel día; y no solo a
mí, sino también a todos los que aman su venida.

—2 Timoteo 4:6-8

Ejemplos de madera, heno y hojarasca

Enseñanza no sana

Hay grados de herejía (falsa doctrina), y no siempre es
fácil trazar los límites. Sí ideáramos una escala del uno al
diez con uno siendo herejía extrema y diez herejía inofensiva sería difícil saber qué número asignar a todas las
enseñanzas que podríamos mencionar.

Tomemos a Karl Barth (1886-1968) por ejemplo. Es consi-
derado por muchos como el mejor teólogo desde Jonathan
Edwards. Bueno, sin duda era un universalista. No dejó
espacio en su teología para que una persona se fuera al
infierno. Su enseñanza es peligrosa, pero quizá principalmente porque persuadió a evangélicos decentes a apartarse
de la ortodoxia a sus puntos de vista. ¿Por qué aceptaron su
opinión? Pienso que fue principalmente porque creía que
Cristo nació de una virgen y que resucitó de los muertos.
También profesaba ser un teólogo reformado, quien citaba
con frecuencia a Juan Calvino, lo cual hizo que los jóvenes
evangélicos se sintieran "a salvo" con él al principio. Los que
se vuelven barthianos pocas veces se quedan siéndolo. Esa
es otra historia, pero mi punto es este: si uno va a creerle a J.
I. Packer, quien dijo que Barth estaba "del lado de los ángeles" al final del día uno podría también decir que Barth era
cristiano y que estará en el cielo. Después de todo, según
Romanos 10:9-10, Barth era salvo. Pero el barthianismo no
es para nada una herejía inofensiva; es peligrosa.

Tomemos a Rudolf Bultmann (1884-1976). Él es el

arquitecto de lo que se llamó "desmitificación". La idea de que la Biblia está llena de mitos: historias tradicionales que podrían ser ciertas o no. Sea el nacimiento de una virgen, que Jesús haya caminado sobre el agua o la resurrección de Jesús de los muertos, estos son en su mejor aspecto, "mitos", dijo. Pero no hay de qué preocuparse; podemos aprender de estos mitos, dice Bultmann. ¡Dios quiere que caminemos sobre el agua como Pedro! Sin importar si Pedro haya o no (probablemente no) caminado literalmente sobre el agua, pero podemos obtener ayuda al caer en cuenta de que ¡podemos hacer cosas imposibles! ¡La verdad es que Bultmann no creía que la Biblia fuera cierta ni por un minuto! Pero enseñó que podemos aprender cosas maravillosas de los mitos. Es triste. En mi opinión, una persona así no puede ser salva. ¿Qué pasa con una persona que en verdad se había convertido, pero lee a Bultmann y se emociona por sus enseñanzas? ¿Habrá perdido la salvación? ¿O nunca fue salvo? ¿Cómo podría una persona salva beberse una herejía como el bultmannismo? Quiero creer que es posible, pero no es probable. Yo no soy el juez. Y, no obstante, hay cristianos inocentes quienes se sientan bajo la cátedra de los que han sido influenciados por Bultmann quienes carecen de discernimiento. No quiero decir que estas personas no son salvas.

Con respecto a la herejía peligrosa (Bultmann y Barth) en contraste con la herejía inofensiva (los que no creen en la gracia soberana y creen que uno puede perder su salvación), tales personas pueden bien ser salvas. Juan Wesley (1703-1791), quien enseñó la perfección cristiana y popularizó el arminianismo (creer en el libre albedrío y la posibilidad de perder su salvación después de haberse convertido verdaderamente), era un hombre piadoso. Su oponente era su viejo amigo, George Whitefield (1714-1770), quien sostenía su creencia en la predestinación. Se dice que alguien le preguntó a Wesley si esperaba ver a Whitefield en el cielo. La respuesta de Wesley fue: "No... ¡él estará tan cerca del trono de Dios y yo tan lejos que no podré verlo!".[6] ¡Un comentario encantador!

Cuando prediqué en una iglesia a principios de la década de 1960, me metí en problemas por afirmar que Jesús es Dios. Cuando recuerdo esa época, me pregunto si las personas con esas creencias podrían ser salvas. Probablemente no, pero no soy su juez.

La enseñanza del teísmo abierto (Dios no conoce el futuro, es enriquecido por su creación y nos busca para recibir información de entrada) es una herejía peligrosa. Pero he llegado a creer que algunos de los que se adhieren a esto —por lo menos amigos míos que conozco bastante bien— son convertidos. Con respecto a la enseñanza de la "hipergracia" —que las personas salvas no necesitan confesar sus pecados ya que Jesús pagó por ellos en la cruz— yo acepto que estas personas son salvas. Pero ¡qué barbaridad! ¡Qué enseñanza tan terrible!

La doctrina no sana es como madera, heno y hojarasca. Cuando Martín Lutero (1483-1546) llamó a Santiago "una epístola de heno"[7] se estaba refiriendo al "heno" de 1 Corintios 3:12. ¡Fue algo terrible lo que dijo! Pero ¿significa esto que Lutero no se convirtió en verdad?

La verdad es que ¡sospecho que hay un poco de madera, heno y hojarasca en todos nosotros! El fuego quemará lo que no es oro, plata o piedras preciosas. ¡La manera en que Dios determinará quién recibe una recompensa y quién no a la luz de estas enseñanzas no es mi problema! Dios juzgará.

Estoy seguro de esto: Dios odia la enseñanza poco sana. Necesitamos tener una doctrina correcta. ¡Quiero construir una superestructura con la teología más pura posible! La manera en que sopesamos la Biblia y lo que enseña se debe hacer con temor y temblor.

Guardar rencor

En este capítulo meramente introduciré una característica esencial al edificar la superestructura de oro, plata y piedras preciosas. De hecho es tan importante que le dedicaré todo un capítulo a esto. Lo que sigue aquí no es sino una introducción a este aspecto esencial en la superestructura. "Porque si perdonáis a los hombres sus ofensas, os perdonará también a vosotros vuestro Padre celestial; mas si no perdonáis a los hombres sus ofensas, tampoco vuestro Padre os perdonará vuestras ofensas" (Mateo 6:14-15). Este versículo es del Sermón del Monte y sigue de inmediato a la enseñanza de Jesús que conocemos como el padrenuestro. En el padrenuestro están estas palabras: "Y perdónanos nuestras deudas, como también nosotros perdonamos a nuestros deudores" (Mateo 6:12). La versión de Lucas dice: "Y perdónanos nuestros pecados, porque también nosotros perdonamos a todos los que nos deben" (Lucas 11:4).

Guardamos rencor porque no podemos perdonar. Un rencor es un sentimiento de amargura, enojo o resentimiento debido a haber sido herido. Es tan natural como respirar. Nadie necesita enseñarnos cómo hacerlo; nos viene sin entrenamiento o instrucción. Un niño aprende a sentir resentimiento en sus primeros días. Lo más natural en el mundo es querer ajustar cuentas con la persona que lo ha lastimado. Usted quiere venganza. Usted quiere que esa persona reciba su merecido.

Dicho lo cual, ¿qué tiene de malo? La respuesta: contrista al Espíritu Santo. Después de que Pablo dice que no debemos contristar al Espíritu de Dios, con el que fuimos sellados para el día de la redención (Efesios 4:30), lo siguiente que dijo fue:

> Quítense de vosotros toda amargura, enojo, ira, gritería y maledicencia, y toda malicia. Antes sed benignos unos con otros, misericordiosos, perdonándoos unos a otros, como Dios también os perdonó a vosotros en Cristo.
>
> —EFESIOS 4:31-32

Con esto hay buenas noticias y malas noticias. Primero las buenas noticias: cuando contristamos al Espíritu Santo no significa que perdemos nuestra salvación. ¡Después de todo, dijo Pablo, somos "sellados para el día de la redención" (Efesios 4:30)! Esas son buenas noticias.

Pero es igualmente cierto que perdonar a otros no es un prerrequisito para ser cristiano. Si lo fuera, nadie sería salvo. Jesús en el padrenuestro insertó la petición "Perdona nuestras deudas" (Mateo 6:12; vea también Lucas 11:14) porque sabía que todos pecamos todos los días. Puso esta generosa provisión en su modelo de oración para nosotros. Este pecado, deuda u ofensa siempre implica nuestra debilidad en el área de perdonarnos, así que Jesús añadió que perdonemos a los que pecan contra nosotros.

Dicho lo cual, el padrenuestro probablemente ha generado más mentirosos que cualquier documento en la historia (porque oran que perdonan a otros cuando en realidad no lo han hecho). Pero no podemos culpar al Señor; debemos culparnos a nosotros mismos; o no orar el padrenuestro. Y, sin embargo, no orar nos coloca en desobediencia porque Jesús nos ordenó que hiciéramos esa oración (Mateo 6:9; Lucas 11:2).

Quizá diga que Jesús dijo: "Mas si no perdonáis a los hombres sus ofensas, tampoco vuestro Padre os perdonará vuestras ofensas" (Mateo 6:15), lo cual es absolutamente cierto. Pero esta advertencia *no* es en referencia a la salvación. El padrenuestro no es una oración sobre cómo volverse cristiano. Se dirige a los que ya están en la familia. Algunos quizá digan: "Esto demuestra que uno puede perder su salvación, si no perdona a la gente sus ofensas". Yo respondo: "Si ese fuera el caso, nadie sería salvo. ¿Puede decir que *usted* nunca tuvo un problema en perdonar a los demás?".

Jesús le dio el padrenuestro a los que ya estaban en la familia de Dios. Es una oración por que podamos heredar el Reino de los cielos. Todos los cristianos son llamados a entrar en su herencia. Algunos lo hacen; otros no. Los que sí practican perdonar a otros; los que se rehúsan a perdonar a otros; y guardan un resentimiento. Este concepto es tan importante que volveré a él más tarde en este libro. Pero por ahora me siento impulsado a decir que si quiere más de Dios, lo debe probar por medio de perdonar por completo a los que pecaron contra usted. Posiblemente sea el desafío más difícil de todos.

Murmuración

La murmuración es el polo opuesto a la gratitud. Si quiere tener una idea de cuánto odia Dios la ingratitud, lea los versículos que describí en la generación mencionada anteriormente de los hijos de Israel quienes perdieron su herencia:

Mas estas cosas sucedieron como ejemplos para nosotros, para que no codiciemos cosas malas, como ellos codiciaron. Ni seáis idólatras, como algunos de ellos, según está escrito: Se sentó el pueblo a comer y a beber, y se levantó a jugar. Ni forniquemos, como algunos de ellos fornicaron, y cayeron en un día veintitrés mil. Ni tentemos al Señor, como también algunos de ellos le tentaron, y perecieron por las serpientes. Ni murmuréis, como algunos de ellos murmuraron, y perecieron por el destructor.

—1 CORINTIOS 10:6-10

Observe los pecados mencionados arriba: idolatría, inmoralidad sexual, tentar a Dios y murmuración. Como la murmuración no es tan escandalosa como la inmoralidad sexual, podemos fácilmente subestimar cuánto la aborrece Dios. Sin embargo, a sus ojos, es igual a la inmoralidad sexual. Esto por sí mismo debería hacernos reflexionar. También recuerde que en Romanos 1:18-32 —ese capítulo que menciona los pecados más horribles imaginables bajo el sol— se encuentran estas palabras: "Pues habiendo conocido a Dios, no le glorificaron como a Dios, ni le dieron gracias" (v. 21).

Recibí una llamada de atención inesperada mientras estaba predicando sobre Filipenses 4:6:

Por nada estéis afanosos, sino sean conocidas vuestras peticiones delante de Dios en toda oración y ruego, con acción de gracias.

Por alguna razón, toda mi vida, como era, pasó delante de mí justo en medio de mi sermón. Fui convencido del pecado de ingratitud mientras reiteraba las palabras de

Pablo "con acción de gracias" en Filipenses 4:6. No estaba preparado para esto. Pero quedé tan conmovido que en silencio le rogué al Señor que me ayudara a terminar el sermón con rapidez para que pudiera ir a mi escritorio en la sacristía y caer sobre mi rostro en arrepentimiento delante de Él. Cuando fui a la sacristía y cerré la puerta — me aseguré de que pudiera estar a solas un rato—, comencé a arrepentirme como no lo había hecho en muchos, muchos años. El Espíritu Santo trajo a mi mente las muchas cosas que Dios había hecho por mí; cosas inmensas que no debería haber ignorado. Pensé haber escuchado al Señor decir:

—Tú vienes de Kentucky. ¿Estás agradecido de que te haya puesto donde estás?

—Señor, tú sabes que estoy agradecido —respondí.

—Pero no me lo habías dicho —dijo.

Podría mencionar muchas cosas en este párrafo; cosas inmensas por las que debería haber sido extremadamente agradecido. Yo le decía, "Pero Señor, tú sabes que estoy agradecido".

Y Él me seguía diciendo: "Pero no me lo habías dicho". Me sentía completamente avergonzado.

Hice un voto ese día; un voto que he cumplido: ser un hombre agradecido a partir de ese día en adelante. Comencé a la mañana siguiente, cuando revisé mi diario, comencé a agradecerle a Dios por cada cosa del día anterior por la que estaba agradecido. ¡Me toma menos de veinte segundos! Pero me aseguro de decírselo.

Hay tres reglas que le sugiero: (1) A Dios le encanta la gratitud. (2) Dios aborrece la ingratitud. (3) La gratitud se debe enseñar. Esta llamada de atención me condujo a enseñarle gratitud a mi congregación. Caí en cuenta de que tanto como Pablo necesitaba enseñarles la santificación a sus convertidos, uno también debe enseñarles gratitud. Después de todo, la santificación es la doctrina de la gratitud.

Hace un par de años la Clínica Mayo dijo en su boletín mensual (el cual recibo) que unos investigadores habían probado clínicamente que *las personas agradecidas viven más tiempo.* ¿Qué tal eso como un motivo?

En cierta ocasión Jesús sanó a diez leprosos. Solo uno volvió a agradecerle. Lo primero que Jesús dijo fue: "¿No son diez los que fueron limpiados? Y los nueve, ¿dónde están?" (Lucas 17:17). A Dios le encanta la gratitud. Pero también nota y aborrece la ingratitud.

La murmuración es una señal segura de ingratitud. Con amor le digo, si usted supiera lo mucho que Dios aborrece la ingratitud, *¡dejaría de hacerlo!*

Los cristianos que se quejan, quizá no se den cuenta, pero están sobredificando una superestructura de madera, heno y hojarasca. No lo haga. Deje de criticar. Deje de murmurar. Deje de refunfuñar. Deje de quejarse.

Le ofrezco este acróstico que podría ser útil. Trate de recordarlo y antes de hablar pregúntese: "¿Lo que voy a decir suplirá la necesidad de la otra persona?". La necesidad [NEED en inglés] es un acróstico que explicaré más adelante. Cada persona con la que se encuentre tiene una necesidad. Todos tenemos una necesidad. Es tan dulce cuando alguien dice lo que suple nuestra necesidad en ese momento; ya sea un cumplido o un consejo útil. Por lo tanto, hágase estas preguntas antes de hablar:

- "¿Es necesario?" En otras palabras: "¿En realidad necesito decir esto? ¿Es necesario decir lo que estoy a punto de decir? Si no, no lo diré". También recuerde que en las muchas palabras no falta pecado (Proverbios 10:19). Diga lo que se necesita decir y nada más. Le ahorrará mucha tristeza y remordimiento.

- "¿Es emancipador?" ¿Ha caído en cuenta de que cien por ciento de las personas con las que se encontrará hoy tienen un problema de culpa por algo? ¡Diga lo que las liberará! Eso fue lo que hizo Jesús con sus palabras: liberó a la gente. "Donde está el Espíritu del Señor, allí hay libertad" (2 Corintios 3:17).

- "¿Es energizante?" Hay dos tipos de personas: los que transmiten energía y los que se quejan. ¿No le causa aversión ver al que se queja aproximarse de nuevo? Ya sabe lo que va a decir. Agota la energía y el ánimo. Pero la persona que lo energiza, quien dice cosas que lo levantan, ¡es tan edificante!

- "¿Dignifica?" Jesús le dio dignidad a la gente. Eso fue lo que hizo por María Magdalena de la cual echó fuera siete demonios (Lucas 8:2). Era una prostituta, pero Jesús le dio dignidad. La mujer atrapada en adulterio tenía temor de lo que Jesús podría decir, pero Él respondió: "Ni yo te condeno; vete, y no peques más" (Juan 8:11).

Necesario, Emancipador, Energizante, Dignificante = NEED [necesidad]. Todo lo que Jesús dijo suplió la *necesidad* de alguien. Fluye a partir de una vida de gratitud, carente de murmuración. La murmuración es pura madera, heno y hojarasca en la superestructura que debemos sobreedificar.

Chisme

El chisme es escuchar reportes de la vida privada de otras personas que podrían ser poco amables, de desaprobación o falsos. Quizá sean sobre una figura pública —una estrella de cine o un político— quien haya caído, lo hayan sorprendido en algo o que le hayan sucedido cosas terribles. Podría ser sobre alguien que se ha vuelto su enemigo. El chisme con frecuencia florece con la envidia. Al sacar de la escena la envidia el chisme tiende a detenerse por completo.

El chisme no es necesario. Si el acróstico mencionado arriba fuera seguido por todos, no existiría el chisme. No suple la necesidad de nadie. Lo que es más, afecta de manera negativa a cualquiera que busque tener más de Dios. "Las palabras del chismoso son como bocados suaves, y penetran hasta las entrañas" (Proverbios 18:8). Lamento decir que sé exactamente lo que significa. Lo he experimentado. Demasiadas veces. Primero, una vez que escogemos escuchar el chisme, nos volvemos insaciables. Al igual que "quien ama el dinero, de dinero no se sacia" (Eclesiastés 5:10, NVI), una vez que comienza a escuchar el chisme, nunca puede tener suficiente. Como bocadillos que no satisfacen, pero que son sabrosos, caen hasta nuestros motivos y deseos más bajos. Lo deja vacío. Insatisfecho. Sucio. Me atrevo a decir que si usted y yo no estamos buscando con sinceridad conocer a Dios con más profundidad, será difícil que estemos conscientes de ello cuando participemos de un chisme. Es tanto una parte de la vida que tendemos a no notarlo. Vende revistas y con frecuencia es el hilo que mantiene unida una relación. Hay canales de noticias que mantienen su audiencia por medio de propaganda constante, de reportar cosas que poco favorecen a su enemigo político. Temo que algunas personas que se ven a menudo no tendrían relación si el chisme no fuera el ingrediente principal de estar juntas. "¿Ahora qué pasó?", puedo escuchar decir a la gente. Con frecuencia quieren información que rasque su inseguro ego; información que sin importar si es cierta o no, hace ver mal al enemigo.

El chisme puede ser un informe de hechos y eventos verdaderos. No siempre es rumor o información de segunda mano. En cualquier caso, el chisme casi siempre florece en la envidia. Al igual que la envidia "es carcoma de los huesos" (Proverbios 14:30), el chisme nos roba nuestra dignidad personal. Sin importar que el informe sea cierto o no, el amante del chisme quiere más rumores. Sean ciertos o no, hay algo en nuestra naturaleza pecaminosa que se emociona si hay malas noticias con respecto a alguien a quien envidiamos.

> Cuando cayere tu enemigo, no te regocijes, y cuando tropezare, no se alegre tu corazón; no sea que Jehová lo mire, y le desagrade, y aparte de sobre él su enojo.
> —PROVERBIOS 24:17-18

¿Cómo lo hace sentir? ¡Si usted se regocija de las malas noticias de otro, Dios lo verá e incluso es probable que le envíe juicio! Pablo nos dijo: "Gozaos con los que se gozan; llorad con los que lloran" (Romanos 12:15). No es tan difícil encontrar a alguien que llore con usted. Un amigo verdadero —son escasos— es aquel que se regocijará con usted. Pero el chisme es regocijarse con las malas noticas de otro.

Hay diferentes tipos de chisme. Según un blog llamado *Going by Faith* [Andar por fe] aquí hay varios tipos de chisme:

1. Esparcir rumores acerca de alguien con el propósito de dañar su reputación. Debemos "abandonar" la calumnia (Colosenses 3:8, NVI). Santiago dijo: "Hermanos, no murmuréis los unos de los otros" (Santiago 4:11).

2. "Echar tierra"; esto es, compartir la "información jugosa" que escuchó acerca de alguien. "El que anda en chismes descubre el secreto; no te entremetas, pues, con el suelto de lengua" (Proverbios 20:19).

3. Repetir rumores. Usted escucha algo que no es bueno, ni está confirmado que sea cierto. Pero lo repite con la esperanza de que sea cierto.

4. Contar "chistes que no son chistes". Es cuando toma parte de una verdad y la convierte en una broma que hace que los demás cuestionen el carácter de otro. "De broma en broma la verdad se asoma", dice el dicho.

5. Plantar una semilla. Cosechamos lo que sembramos. Cuando plantamos una semilla que podría provocar división, incluso mencionar una palabra no halagadora —sea cierto o no— puede causar división. "El hombre perverso levanta contienda, y el chismoso aparta a los mejores amigos" (Proverbios 16:28).

6. Susurrar insinuaciones. Esto es decir algo que va a provocar que alguien sospeche lo

peor de una situación; como cuando un hombre lleva en su coche a una mujer para ayudarla, y luego las lenguas no paran. Por eso Billy Graham nunca pasó una noche lejos de casa sin tener a su amigo T. W. Wilson en la misma habitación. Recuerdo haberle ofrecido a Joyce Meyer llevarla solo dos cuadras en mi coche, ¡pero ella hizo que otra mujer la acompañara!

7. Chisme estilo: "Es probable que me equivoque". Esto es cuando "usted reconoce que es probable que no sea cierto, pero lo difunde de todas maneras". Suena emocionante si fuera cierto, así que lo cuenta.[8]

Chismear es algo que se debe evitar por completo, incluso si es cierto. Una de las cosas que aprendí de William Perkins (1558-1602): "No le crea al diablo incluso si le dice la verdad". Igual sucede con el chisme. El aliento de Satanás está detrás de él. Nos drena espiritualmente. Cuando se sienta tentado a escuchar o decir un chisme, trátelo como una serpiente de cascabel. No tenga nada que ver con eso. Manténgase puro de este tipo de asunto; produce lo contrario a edificar y energizar, y en lugar de ello mina los motivos limpios, sanos y santos.

Cuando se sienta tentado a escuchar o difundir un chisme, pregunte: "¿Esto me hará querer más de Dios?".

Capítulo 7

DIGNIFICAR LA PRUEBA

Tened por sumo gozo cuando os halléis en diversas pruebas.
—Santiago 1:2

E S UNA HISTORIA trivial, por lo menos para usted, sin duda. Pero para mí, tan ridículo como pueda sonar, fue transformador por completo. Algunos de ustedes recordarán la historia, y les pido me perdonen por referirme a ella aquí.

Era el verano de 1979. Estábamos en Kissimmee, Florida, para llevar a nuestros hijos a Disney World. No obstante, yo no estaba esperando ir a Disney World sino a una pizzería cercana donde servían la mejor pizza que yo hubiera probado jamás. No podía esperar a comerla de nuevo; es decir, si iba a ser como la que comí el verano anterior que estuvimos allí.

Mi recuerdo de esa pizza me mantuvo esperando esas vacaciones durante todo un año. El momento finalmente llegó, y con gran expectación ordenamos la pizza. Pero después de cuarenta y cinco minutos mi paciencia se estaba acabando. Cuando nuestro mesero regresó y nos preguntó: "¿Qué fue lo que pidieron?", ¡Caí en cuenta de que había olvidado nuestra orden! No me encontraba en mi mejor momento (para demostrar mi dominio de la diplomacia británica). Y monté en cólera.

Cuando las pizzas finalmente estuvieron listas, nos dirigimos al coche para llevarlas de vuelta al hotel. Comenzó a llover; una lluvia como la que nunca ha visto. Nos empapó. No podíamos ver a cinco pies (alrededor un metro y medio) delante de nosotros.

Cuando llegamos al hotel, Louise y los niños tomaron su pizza y rápidamente corrieron a la habitación del hotel. Al tratar de seguirlos, tomé mi pizza y… caí en un charco de un pie (unos treinta centímetros) de profundidad mientras la lluvia caía sobre la bolsa de papel con la pizza dentro de ella. Lo siguiente que vi fue mi pizza flotando en el agua como un barco de guerra cubierto de *pepperoni*, champiñones, salchicha, pimientos, tomates y queso.

Empapado y frustrado, le explique a mi familia que tenía que volver al restaurante. Sin interés alguno en mi aprieto, ya habían encontrado un programa de televisión que querían ver. Pero tenía que enfrentar al mismo mesero.

La lluvia se detuvo. Solo fueron cinco minutos de camino de vuelta a la pizzería. Pero en esos cinco minutos el Espíritu Santo hizo una obra de gracia en mí. Comencé a pensar en un sermón que estaba preparando sobre Santiago 1:2 (citado anteriormente). "O lo que voy a predicar es cierto, o no lo es —me dije a mí mismo—. Debo contar este momento incómodo como *sumo gozo*. Debo dignificar esta prueba". Sí. Fue entonces que acuñé la frase "dignificar la prueba".

Para terminar la historia, regresé a la pizzería, me acerqué al mismo mesero y con toda humildad le conté lo sucedido. Fue sorprendentemente generoso y ¡no me cobró la segunda orden!

Pero lo que más recuerdo fue el mayor nivel de gozo durante todo el día siguiente en Disney World. Fuera recorriendo Space Mountain o bebiendo jugo de uva frío en el candente sol, en todo lo que podía pensar era en el alto nivel de la presencia de Dios conmigo: el privilegio de dignificar la prueba. Sabía que nunca volvería a ser el mismo. Y así fue.

Eso no significa que soy como Jesús cada vez que me llega una prueba de improviso. Pero puedo decir que ha marcado una gran diferencia en mí de como solía ser antes del verano 1979 cuando —me avergüenza decirlo— siempre estaba quejándome, murmurando y refunfuñando cuando alguna interrupción bloqueaba mis planes o provocaba algún inconveniente en mi día. Le pido a Dios que este capítulo de alguna forma tenga el mismo efecto transformador sobre usted que el incidente de la pizza tuvo sobre mí.

Lo principal que aprendí de mi experiencia con la pizza y el pasaje en Santiago 1:2 es que cada prueba es un regalo de Dios. Es un obsequio que Él nos da; uno mucho más importante que ser invitado a conocer al presidente, a la reina o alguna otra celebridad con quien usted quiera conversar. Esta invitación tiene que ver con su carácter moral. Por eso Dios le da pruebas; algunas veces una pequeña, algunas otras una inmensa. Se las confía a usted porque vienen con invitaciones para acercarse más a Dios y recibir más de Él.

¿Quiere más de Dios? Puedo garantizarle que una de las mejores maneras de hacer esto es por medio de dignificar la prueba que ponga en su camino. Uno de mis himnos favoritos es: "Like a River Glorious" [Como un glorioso río]. Incluye este verso:

> Cada alegría o prueba cae de lo alto,
> Son trazadas sobre nuestro dial por el Sol del amor;
> Todos podemos confiar plenamente en Él;
> Los que confían en Él por completo lo hallan
> completamente fiel.[1]
>
> —FRANCES R. HAVERGAL (1836-1879)

La palabra griega *peirasmos* significa examen, prueba o tentación.[2] Como estas palabras se pueden usar de manera intercambiable el contexto es lo que dicta si traducimos *peirasmos* como tentación o prueba.

Es interesante que el autor de "Like a River Glorious" use la frase "cae de lo alto". La prueba —al igual que el gozo— proviene de Dios. Él es el arquitecto de ambas. Por eso Santiago nos dice que tomemos como sumo gozo cuando nos *hallemos* en diversas pruebas. Lo cual bien podría dirigirlo al mismo lugar en el que se encontraba un santo de noventa años quien me dijo: "He servido al Señor durante tanto tiempo que apenas y puedo reconocer la diferencia entre una bendición y una prueba".

NO SALGA A BUSCAR PRUEBAS

Como debemos tener por sumo "gozo" una prueba, uno podría rápidamente concluir que ¡deberíamos salir a buscar pruebas con el fin de tener más gozo! No haga eso; nunca.

Es esencial entender esto. Es la razón por la que debemos hacer la oración del padrenuestro todos los días y observar la petición: "No nos metas *en* tentación" (Mateo 6:13). Como expliqué en mi libro *The Lord's Prayer* [El padrenuestro], esta petición es la parte más difícil de la oración de Jesús. La implicación es que Dios mismo podría dirigirnos a la tentación. Equivocación. Es posible que esa sea la razón por la que Santiago, el hermano de Jesús, lo haya resaltado en su epístola general, la cual hemos examinado parcialmente en este capítulo.

> Cuando alguno es tentado, no diga que es tentado de parte de Dios; porque Dios no puede ser tentado por el mal, ni él tienta a nadie; sino que cada uno es tentado, cuando de su propia concupiscencia es atraído y seducido. Entonces la concupiscencia, después que ha concebido, da a luz el pecado; y el pecado, siendo consumado, da a luz la muerte.
>
> —SANTIAGO 1:13-15

Dios nunca —jamás— nos va a tentar. Dicho lo cual, bien podría *probarnos*. Aunque la palabra griega es la misma, hay una inmensa diferencia en la manera en que se debe entender esta palabra. Se nos dice que "Dios probó a Abraham" (Génesis 22:1). Fue algo planeado: Dios quería ver si Abraham en realidad y en verdad lo temía. Esta prueba era para beneficio de Abraham, no de Dios; Dios ya sabía lo que había en el corazón de Abraham. Pero Abraham necesitaba ver por sí mismo lo que haría en una situación así.

Dios puede dirigirnos de manera providencial en un camino que nos *permita* ser probados con el fin de ver lo que somos. Por lo tanto, es una prueba. ¡Dios nos está haciendo un examen para ver lo que sabemos! Dicho lo cual, nunca deberíamos decir que Dios nos tienta directamente.

Michael Eaton ha sido bastante útil aquí. Dijo que deberíamos enfatizar la palabra *en*, que deberíamos orar que Dios no nos permitiera ser "echados en lo hondo", como tal. Es inevitable que vengan pruebas. Jesús nos aseguró que en este mundo tendríamos aflicción (Juan 16:33); no obstante, no debemos ir a buscar problemas, sino más bien ¡orar que a Dios le plazca librarnos de las dificultades! *Pero si* después de intentar evitar las pruebas y orar que Dios no nos meta *en* tentación o prueba, somos *de todos modos* arrojados en una prueba, *entonces* deberíamos tenerlo por sumo gozo. De este modo, sabe que Dios lo hizo y que usted no lo causó. Cuando usted sabe que Dios es el arquitecto de la prueba por la que está pasando, se le ordena que tome la prueba como sumo gozo.

Por lo tanto, Santiago dijo que podíamos considerar como sumo gozo si "nos hallamos" en pruebas o dificultades (Santiago 1:2). La palabra griega es *parapiptō*: caer o caer hacia un costado.[3] La NVI se refiere a enfrentar pruebas, pero se pierde un punto inmenso. No vamos a tener más gozo solo por considerar una prueba; calificamos para tomarla como sumo gozo cuando nos *hallamos en* ella. En otras palabras, es lo que le sucede, no lo que usted hizo suceder.

Por otro lado, todos podemos provocar pruebas por nuestra propia insensatez. Pedro advirtió: "Así que, ninguno de vosotros padezca como homicida, o ladrón, o malhechor, o por entremeterse en lo ajeno" (1 Pedro 4:15). ¡Este versículo muestra que no todas las pruebas provienen de Dios! ¡Podemos provocar nuestro propio sufrimiento por medio del pecado! También podemos traer persecución sobre nosotros por ser insensatos, entrometidos o "metiches" (2 Tesalonicenses 3:11; 1 Timoteo 5:13). Un metiche es una persona indiscreta, chismosa y buscapleitos. Las personas así provocan su propio sufrimiento y algunas veces lo quieren llamar persecución. Quienes sufren por su propia falta de sabiduría quizá experimenten aflicción, sí, pero personas como estas necesitan arrepentirse antes de que puedan dignificar sus pruebas.

Entonces, ¿cómo debemos entender las palabras de Pablo?

> No os ha sobrevenido ninguna tentación que no sea humana; pero fiel es Dios, que no os dejará ser tentados más de lo que podéis resistir, sino que dará también juntamente con la tentación la salida, para que podáis soportar.
>
> —1 CORINTIOS 10:13

Creo que es probable que 1 Corintios 10:13 sea el versículo que un nuevo creyente debería tratar de memorizar primero. Es vital para nuestro crecimiento cristiano; y también nos da entendimiento de algunos de los caminos de Dios. Aunque *peirasmos* se puede referir correctamente a ser tentado y a tentación todavía es justo recordar que la palabra también significa ser probado y prueba.

TENTACIÓN SEXUAL

Pero ¿cómo se dignifica una prueba cuando se trata de una tentación sexual? Primero, considérela una prueba de Dios para mostrarle su gracia. Considérela una prueba ya que, con toda certeza, Dios no le está dando luz verde para caer en la tentación sexual por el hecho de haberle permitido ser tentado. Segundo, usted dignifica una prueba como esta por medio de rehusarse a pecar. Esto fue lo que hizo José como vimos anteriormente.

Recuerdo a una pareja que vino a la sacristía de la Capilla Westminster para explicar por qué habían caído en adulterio. "Ambos oramos al respecto, incluyendo el padrenuestro, y quién lo iba a decir, nos encontramos inesperadamente y caímos en cuenta de que Dios nos estaba permitiendo tenernos el uno al otro". Esa fue la manera en que *escogieron ver su pecado.*

José podría haber racionalizado su tentación sexual con respecto a la esposa de Potifar como siendo lo que Dios le estaba proveyendo en su soledad y en su posible enojo hacia Él. Después de todo, José no pidió vivir en Egipto. Tampoco coqueteó con la señora de Potifar; ella inició el asunto y lo persiguió. Pero él *escogió no pecar.* Por lo tanto, dignificó esa prueba.

En 1 Corintios 10:13 encontramos la garantía de Dios de que usted puede resistir la tentación sexual, sea una persona heterosexual u homosexual. Usted toma la decisión. Dignifica la prueba por medio de mantener la santidad. Usted no dignifica la prueba si se justifica a sí mismo por medio de rendirse a la tentación.

En 1 Corintios 10:13 también vemos que se refiere a cualquier tipo de prueba: aflicción, revés financiero, enfermedad o perder su empleo. Si usted ha sido echado en el fuego —una prueba que usted no ha provocado, pero que Dios ha permitido— califica para dignificar tal prueba por medio de rehusarse a culpar a Dios o quejarse.

INFÚNDALE GOZO A LA PRUEBA

Aunque Santiago no utiliza la misma palabra griega en Santiago 1:2 que Pablo en Romanos 4, la aplicación de cada una resulta en lo mismo cuando las compara. Santiago dijo: "*Tened* por sumo gozo". En Romanos 4 nuestra fe es *contada* por justicia. La NVI utiliza las palabras *considerar* y *se le tomó en cuenta*:

¿Qué dice la Escritura? Pues ¿qué dice la Escritura? "Le creyó Abraham a Dios, y esto se le tomó en cuenta como justicia". Ahora bien, cuando alguien trabaja, no se le toma en cuenta el salario como un favor, sino como una deuda. Sin embargo, al que no trabaja, sino que cree en el que justifica al malvado, se le toma en cuenta la fe como justicia. David dice lo mismo cuando habla de la dicha de aquel a quien Dios le atribuye justicia sin la mediación de las obras: "¡Dichosos aquellos a quienes se les perdonan las transgresiones y se les cubren los pecados! ¡Dichoso aquel cuyo pecado el Señor no tomará en cuenta!".

—Romanos 4:3-8, nvi

La similitud es esta: si comparamos la exposición de Pablo de la fe de Abraham, la cual le fue tomada en cuenta como justicia a los ojos de Dios, con la manera en que Santiago quiere que consideremos una prueba, tenemos la misma aplicación.

- Así como Dios tomó en cuenta la fe de Abraham como justicia, nosotros debemos considerar la prueba como un asunto de gozo.

- La fe de Abraham le fue tomada en cuenta como justicia, así nosotros debemos tomar en cuenta la prueba como causa de gozo.

- Cuando confiamos en Dios, quién justifica, nuestra fe es tomada en cuenta como justicia; de modo que cuando nos hallamos en una prueba la debemos tomar en cuenta como causa de gozo.

La palabra *imputar* lo resume. *Imputar* significa cargarlo a, o ponerlo a crédito de. Cuando transferimos nuestra confianza en las buenas obras a lo que Jesús ha hecho por nosotros en la cruz, Dios nos *imputa justicia*. Por lo tanto, se nos acredita la justicia. *Esta es la manera en que Dios nos ve.* Cuando confiamos en la sangre de Cristo Dios *nos cuenta* o *nos considera* justos.

Como en el caso de la palabra de David —tomada de Salmos 32:1-2, NVI: "Dichoso aquel a quien el Señor no *toma en cuenta* su maldad"— no deberíamos tomar en cuenta la prueba como algo de qué entristecernos, sino *tomarla en cuenta* como algo de lo cual gozarnos.

Esto es lo importante: no había nada justo con respecto a Abraham antes de que creyera la promesa que Dios le dio. Era un adorador del sol. Pero de un solo golpe Dios vio a Abraham como justo porque Abraham creyó la promesa de que tendría un heredero y que su descendencia sería tan numerosa como las estrellas de los cielos (Génesis 15:5-6). Abraham le podría haber dicho a Dios: "No bromees así conmigo. ¿Esperas que yo —a los ochenta y cinco años con una esposa estéril de setenta y cinco— crea una palabra como esa". ¡Pero Abraham lo creyó! Sí, y Dios lo tomó en cuenta como justo.

Dios no espero a que Abraham se desarrollara como un hombre santo —lo cual en verdad sucedió más tarde— para contarlo como justo. Dios lo contó como justo ahí y en ese momento, de una vez por todas. De la misma manera, no se nos pide que esperemos hasta después —cuando veamos el efecto positivo que una prueba tiene nuestra vida— para imputarle gozo. *Debemos hacerlo ahora.*

No espere a que Romanos 8:28 pruebe ser cierto al inicio. "Y sabemos que a los que aman a Dios, todas las cosas les ayudan a bien", sí, por supuesto, pero no para mañana en la tarde. Casi siempre pasa un buen rato antes de que veamos nosotros mismos cómo la prueba nos ayudó a bien.

En otras palabras, Santiago nos dice que una prueba es para nuestro bien, y que lo veremos con claridad más adelante en el camino. Nos está diciendo que lo consideremos como bueno de inmediato y no que esperemos a ver qué sucede en el futuro.

Puedo decirle que Romanos 8:28 es cierto, absolutamente cierto. Pero se requiere tiempo para verlo de una manera externa y objetiva. Las mayores pruebas que tuve durante mis veinticinco años en la Capilla de Westminster —los mejores y los peores momentos— son los que ahora aquilato. Lo que con toda honestidad pensé era lo *peor* que me había sucedido, ahora lo considero con toda sinceridad como lo *mejor* que me ha sucedido.

Por cierto, finalmente, incluso mi insensatez ayuda para bien. Sí, cuando soy absurdo y me provoco sufrimiento, eso también cae en el crisol de Dios. Él toma lo malo y lo feo de nuestra vida y lo convierte en un modelo para lo bueno. Es un Dios generoso. Es muy bueno.

Dicho lo cual, Santiago nos está diciendo en Santiago 1:2 que tengamos la prueba por sumo gozo; *ahora*. No se espere hasta después cuando no requiera nada de fe creerlo. ¡Obtenga la victoria máxima cuando no pueda ver ni remotamente como esta prueba podría ser algo bueno! Ese es el momento en que Santiago quiere que le imputemos sumo gozo a la prueba, tragedia, herida o revés.

¿Quiere más de Dios? Lo insto a probarlo por medio de dignificar la prueba *ahora*.

Un mayor nivel de gloria con frecuencia es precedido de inmediato por una prueba.

Consideraremos más tarde 2 Corintios 3:18 que dice que estamos siendo transformados "de gloria en gloria". Hay experiencias cumbre que nos otorgan un nivel más alto de *conciencia* de Dios. Dios nos otorga esto para confirmar que estamos en el camino correcto; que en verdad queremos más de Él. No solo eso; ¡el que vayamos de "gloria en gloria" *es de hecho tener más de Dios!*

No obstante, descubrirá, quizá la mayoría de las veces, que un caminar más cercano con Dios es precedido por una prueba; algunas veces una prueba pequeña, otras veces por una aguda. Es mi propia experiencia que cuando hay un ataque satánico, puedo identificarlo, ¡Dios está cerca! Algo bueno vendrá en poco tiempo, y esto es coherente con 1 Pedro 5:10.

> Mas el Dios de toda gracia, que nos llamó a su gloria eterna en Jesucristo, después que hayáis padecido un poco de tiempo, él mismo os perfeccione, afirme, fortalezca y establezca.

Billy Graham nos honró al aceptar mi invitación a predicar en la Capilla de Westminster en mayo de 1984. El viernes anterior pasó una hora y cuarenta y cinco minutos conmigo. Una de las cosas que me compartió fue esta: "En cada cruzada que hemos tenido ha habido un ataque del diablo justo antes de comenzar. Puede ser una enfermedad o quizá que los miembros del equipo se enemisten, pero siempre hay algo". Me dijo esto porque se sentía mal de algo que requería que fuera al hospital justo después de nuestra visita. Desarrolló una hemorragia nasal. De hecho, dejó la cama del hospital y vino a la Capilla de Westminster con una caja de pañuelos que mantenía a la mano en caso de que la hemorragia nasal empeorara a la mitad de su sermón. Las fotografías de él predicando para nosotros muestran la pulsera de identificación del hospital en su muñeca izquierda. El punto es que se sentía bajo ataque, no tanto porque estuviera predicando para nosotros, sino por Mission England [Misión Inglaterra], una serie de reuniones que duraron semanas y que comenzaron en la Capilla esa noche.

Cuando, por lo tanto, caemos en una prueba severa, y nuestra reacción inmediata es negativa, debemos considerar la prueba algo positivo justo en ese momento y ese lugar, antes de que tenga la oportunidad de probar ser positiva. Cuando nuestra reacción inmediata sea autocompasión debemos considerar la prueba como una ocasión para regocijarnos en ese momento y en ese lugar. Cuando nos sentimos grandemente decepcionados al recibir malas noticias debemos considerarlas buenas noticias justo en ese instante. ¿En serio? ¿Cómo podemos hacerlo? Yo respondo: "Sí Abraham pudo creer que era una palabra de Dios lo que parecía en el momento la palabra más ridícula, también nosotros deberíamos considerar la palabra de Santiago como una palabra de Dios e imputarle sumo gozo a la prueba".

No digo que será fácil hacerlo. Tampoco digo que desde el incidente de la pizza he sido un testimonio modelo de lo que escribo en este capítulo. He fallado y cabe la posibilidad de que continúe fallando más de lo que me gustaría admitir delante de usted. Pero la diferencia es esta: en verdad conozco mi responsabilidad delante de Dios y, por lo tanto, me digo a mí mismo que estaré contento de dignificar esta prueba: ahora.

Existe una buena posibilidad de que alguien que esté leyendo estas líneas en este momento se encuentre en la

mayor prueba de su vida. ¿Es ese usted? El apóstol Pablo
describió su mayor prueba:

> Porque hermanos, no queremos que ignoréis acerca
> de nuestra tribulación que nos sobrevino en Asia;
> pues fuimos abrumados sobremanera más allá de
> nuestras fuerzas, de tal modo que aun perdimos la
> esperanza de conservar la vida. Pero tuvimos en
> nosotros mismos sentencia de muerte, para que no
> confiásemos en nosotros mismos, sino en Dios que
> resucita a los muertos; el cual nos libró, y nos libra, y
> en quien esperamos que aún nos librará, de tan gran
> muerte; cooperando también vosotros a favor nuestro
> con la oración, para que por muchas personas sean
> dadas gracias a favor nuestro por el don concedido a
> nosotros por medio de muchos.
>
> —2 CORINTIOS 1:8-11

Discutí este pasaje con uno de los mayores eruditos de
Nuevo Testamento en el mundo. Me dijo que se puede
detectar una diferencia entre las cartas que escribió Pablo
antes de su tribulación —a saber, 1 Corintios, 1 y 2 Tesalonicenses, Gálatas y, posiblemente, 1 Timoteo y Tito— y las
cartas que escribió después de esta tribulación —2 Corintios, Romanos, Efesios, Filipenses, Colosenses y 2 Timoteo.
La diferencia entre los dos grupos —o periodos— no se
encuentra en la confiabilidad o magnitud de la verdad,
ya que todas son igualmente infalibles. Sino que hay una
profundidad en el último grupo que no es tan obvia en el
primero, antes de su gran tribulación.

Si la evaluación de este erudito es correcta, muestra lo
que la tribulación hizo por Pablo: lo enriqueció. El testimonio de Pablo —que leímos anteriormente— dice: "Para

que no confiásemos en nosotros mismos, sino en Dios". ¡Aunque yo hubiera supuesto que Pablo estaba dependiendo siempre de Dios, reconoce que no estaba confiando en Dios como debería! La tribulación lo ayudó a confiar en Dios más que nunca. Esto le da otra razón para imputarle gozo a una prueba: lo que hará por usted como seguidor de Cristo.

CADA PRUEBA TIENE UN PLAZO INCORPORADO

Las pruebas que Dios diseña para nosotros no solo no son accidentales, sino que tienen un plazo. Pablo dijo que estamos "puestos" para pruebas (1 Tesalonicenses 3:3). Dios está al fondo de ellas y también conoce lo mucho que podemos soportar. Por lo tanto, les ha puesto un tiempo límite. El problema es que no sabemos cuánto van a durar; solo Dios sabe. ¡Pero es bueno saber que nuestras pruebas terminarán! Quizá pensamos que continuarán por siempre. Pero terminarán; con frecuencia súbitamente. Entonces cuando las pruebas terminen, habrán terminado.

Esto es algo importante que recordar: cada prueba es un examen de Dios para ver si usted la dignifica o se queja durante todo el tiempo. Es un examen: aprueba o reprueba. Lo lamento, pero así son las cosas. Si aprueba, Dios lo promueve a un nivel más alto de gloria. Esto significa principalmente la frase: "Somos transformados de gloria en gloria en la misma imagen, como por el Espíritu del Señor" (2 Corintios 3:18). Pero esta transición casi siempre es precedida por algún tipo de prueba. Si usted aprueba la recompensa es *muy* satisfactoria. Viene con paz y gozo sobrenaturales. Puede saber que aprobó por el testimonio interno del Espíritu Santo. Es lo que sentí en Disney World al día siguiente de aceptar el incidente de la pizza como un regalo de Dios.

Pero ¿si fallo? No sucede nada. La vida continúa. Y nunca sabrá de lo que se perdió al quejarse todo el tiempo a lo largo de la prueba. Lo sé. Me avergüenza repetirlo: es la manera en que reaccioné a las metas bloqueadas y las decepciones repentinas durante años y años. Poco después de que me vino la revelación de dignificar la prueba prediqué sobre Santiago 1:2 en la Capilla de Westminster. Comencé a entender de cuánto gozo me había perdido a lo largo de los años. Empecé a pensar en el avance espiritual que perdí durante esos años. Simplemente tuve que declarar Romanos 8:28 y no mirar hacia atrás. Pero puedo decirles que hice el voto de que a partir de ese día de agosto de 1979 dignificaría cada prueba grande o pequeña que viniera a mi camino.

PRUEBAS PEQUEÑAS, PRUEBAS SEVERAS

Ahora llegamos a un asunto más importante. Aunque cada prueba tiene un plazo incorporado, es obvio que también hay grados de prueba. Hay niveles de emoción y dolor. El luto, por ejemplo, puede durar mucho tiempo. Recuperarse de un revés financiero quizá tome un tiempo. Una enfermedad o dolencia puede durar años. Entonces, ¿cómo es que este tipo de pruebas tienen un plazo integrado?

La respuesta es que Dios da momentos de alivio y refrigerio a lo largo del camino.

El 29 de diciembre de 1963 entré en un estado mental de "irrealidad"; esa es la mejor palabra que puedo pensar para describirlo. Vino después de un tiempo del rechazo más severo en una iglesia que pastoreaba en Ohio y el rechazo de mi más antiguo mentor. Recuerdo el día que sucedió. Siempre supuse que un día desaparecería. Pablo oró tres veces para que su "aguijón en la carne" se fuera (2 Corintios 12:7-8), pero nunca se fue. He orado miles de veces para que el mío se vaya. Oró por mí el Dr. Martyn Lloyd-Jones y cientos de otros. Algunos carismáticos dicen que yo estaba poseído por demonios. Un psicólogo dijo que tuve un "episodio psicótico". Yo solo sé una cosa: todavía está allí. Pero también puedo decir que ha habido "tiempos de refrigerio" de la presencia del Señor (Hechos 3:20). Dios ha estado conmigo desde ese momento hasta ahora, me habilitó para sobrevivir como vendedor de aspiradoras de puerta en puerta hasta llegar a ser el ministro de la Capilla de Westminster. Todavía tengo la esperanza de que se vaya. "Y de nuevo me levantarás" (Salmos 71:20) es un versículo en el que pienso con respecto a esta conexión. Pero irme al cielo será mejor; ¡y eso quizá sea lo siguiente que Dios tenga en mente!

Quizá usted haya tenido pruebas mil veces peores, como ser víctima de abuso o maltrato, quedar desmembrado por un accidente de coche, perder a su cónyuge o a un hijo, perder su buena salud, ser rechazado para siempre por un amigo. Pero quizá también pueda testificar que Dios ha estado justo ahí con usted. Pienso en dos versículos de la Biblia en particular:

> Porque no contenderé para siempre, ni para siempre
> me enojaré; pues decaería ante mí el espíritu, y las
> almas que yo he creado.
>
> —ISAÍAS 57:16

> Porque él conoce nuestra condición; se acuerda de
> que somos polvo.
>
> —SALMOS 103:14

Sí, Él sabe qué tanto puede soportar. Por lo tanto, en la prueba que parece interminable, Dios llega; no un minuto demasiado tarde ni demasiado temprano, sino siempre a tiempo.

Por lo tanto, los que tienen discapacidades permanentes tienen una mayor oportunidad de dignificar la larga prueba. Los que tienen otras pruebas dentro de estas discapacidades permanentes quizá dignifiquen también las pruebas más pequeñas.

Dios es honrado y glorificado cuando dignificamos las pruebas que nos pone. Pablo dijo: "Por lo cual pido que no desmayéis a causa de mis tribulaciones por vosotros, las cuales son vuestra gloria" (Efesios 3:13). Su *gloria*; ¡piense en eso!

También es su gloria.

¿POR QUÉ DIGNIFICAR LA PRUEBA?

Dignificar la prueba es lo que incrementa su fe. Dignificar la prueba moldea el carácter. Le da forma a su perspectiva. Es el medio de acercarlo más a Dios y es absolutamente necesario para que usted obtenga más de Dios.

¡La prueba es una manera en la que Dios obtiene nuestra atención! Con frecuencia pensamos: "Él tiene toda mi atención"; hasta que descubrimos a través de la prueba: "Él no tenía mi atención después de todo". Dignificamos la prueba por medio de someternos a su sabiduría y encontrarnos con un sentido mayor de Dios.

La fe agrada a Dios. "Pero sin fe es imposible agradar a

Dios" (Hebreos 11:6) Los niveles más altos de gloria siempre significan mayores medidas de fe. Esta es la manera en que Dios generalmente ha escogido que su pueblo crezca.

> ... nos gloriamos en la esperanza de la gloria de Dios. Y no solo esto, sino que también nos gloriamos en las tribulaciones, sabiendo que la tribulación produce paciencia; y la paciencia, prueba; y la prueba, espe-ranza; y la esperanza no avergüenza; porque el amor de Dios ha sido derramado en nuestros corazones por el Espíritu Santo que nos fue dado.
>
> —ROMANOS 5:2-5

Dignificar la prueba con frecuencia es el paso siguiente para nosotros en nuestro andar con el Señor. Esta prueba podría ser grande o pequeña. Pero las pruebas no van a desaparecer hasta que estemos en el cielo. ¡Así que acos-túmbrese a ellas! Y aprenda a aceptarlas como un regalo de Dios. Vendrá el día en que usted podrá decir que apenas puede distinguir entre una bendición y una prueba.

¡Por supuesto, esperamos que no vengan! Por eso oramos el padrenuestro todos los días: "No nos metas *en* tentación" (Mateo 6:13). Todos los días oramos que Dios nos libre de ellas. Pero si vienen, cuando vengan sepa que son parte de la estrategia soberana de Dios para hacernos mejores hombres y mujeres.

¿CÓMO DIGNIFICAR LA PRUEBA?

Antes de cerrar este capítulo quiero compartir algunas cosas prácticas que usted puede hacer para dignificar cual-quier prueba que venga a su camino.

1. Acepte la prueba cuando suceda.

No muestre desagrado por el camino mismo que Dios ha escogido para habilitarlo para tener más de Él. Algunas veces una persona inesperada llama a nuestra puerta. ¿Qué hace? Le muestra cordialidad y respeto. Una prueba es cuando Dios llama a su puerta en el momento menos oportuno. Trate lo inesperado con la dignidad que usted le mostraría una celebridad que viniera a verlo.

2. No entre en pánico.

Su primera reacción a una prueba repentina como perder sus llaves o enfrentar un asunto terrible es entrar en pánico. Saber que Dios está en control de su prueba puede ayudarlo en este momento. Nunca olvidaré a un hombre de una nación africana que vino a la sacristía para agradecerme por una palabra en mi oración pública esa mañana. Yo había dicho: "Tú eres un Dios que no entra en pánico". Era justo lo que necesitaba. Me explicó que era candidato a la presidencia de su país.

3. Sepa que Dios tiene un propósito en ello.

Estas son noticias maravillosas. Ninguna prueba en su vida viene sin propósito; el regalo de Dios es para su bien. Quizá no descubra en un día o dos *por qué* Dios dio la prueba. Pero puede estar seguro de que cuando Dios está en el fondo de un asunto, tiene un propósito definido para *usted*. Es lo que usted necesita en el momento. No hay accidentes para con Dios. Nos parecen accidentes, pero no a Él.

4. Recuerde que la prueba terminará.

Nunca olvide que todas las pruebas tienen un plazo incorporado. Están diseñadas para afinar su oro. "Las llamas no te lastimarán; solo diseñé tu escoria para ser consumida y tu oro para ser afinado" (anónimo).[4] Dios no permitirá que la prueba dure un día más de lo necesario. El que ve el fin desde el principio ya ha determinado cuánto durará la prueba. Recuerde: cuando termine, habrá acabado. Entonces reflexione.

5. Recuerde que la prueba —sin importar lo breve o larga— es un examen.

Aprueba o reprueba. Nunca olvidaré una prueba severa y repentina que experimentamos Louise y yo durante nuestro primer año en Londres. Scotland Yard (policía metropolitana londinense que hace cumplir la ley) ya nos había notificado que nuestras licencias de conducir no eran válidas y que no podíamos manejar. Me advirtieron: "No permita que la rueda se mueva una pulgada de la entrada de su casa". La llamada llegó a las 3:25 p. m.; literalmente en el momento en que Louise salía por la puerta para recoger a nuestros hijos de la escuela. La detuve y le expliqué la llamada telefónica. Le dije: "Dios nos está dando la oportunidad de dignificar esta prueba. He fallado muchas veces en el pasado. ¡Quiero obtener la nota máxima de Dios en esta prueba! No sé lo que haremos, pero me rehúso a entrar en pánico o quejarme". Estuvo de acuerdo conmigo. El asunto se resolvió; un amigo pasó a recoger a los niños. Luego tuvimos que tomar pruebas de conducir para calificar para una licencia. Esos fueron días difíciles, pero también un punto de quiebre en nuestro crecimiento.

6. No se queje

Como dije en un capítulo anterior, si cayéramos en cuenta de cuánto Dios odia la murmuración y la queja creo que dejaríamos de hacerlo. La frase "nunca se queje, nunca

135

explique, nunca se disculpe" ha sido atribuida a muchas fuentes incluyendo al Servicio Aéreo Especial Británico y el Servicio Secreto Británico. Quizá se relacione con ellos porque es parte del síndrome de la "impasibilidad" británica. No estoy de acuerdo con la frase "nunca se disculpe" ya que es algo que todos necesitamos hacer de vez en vez. Pero aprender a no quejarse, murmurar o refunfuñar es equivalente a dignificar las pruebas que Dios ha diseñado para nosotros.

7. Recuerde que dignificar la prueba muestra que genuinamente quiere más de Dios.

Mantenga ese pasaje en mente: "Entonces los que temían a Jehová hablaron cada uno a su compañero; y Jehová escuchó y oyó, y fue escrito libro de memoria delante de él para los que temen a Jehová, y para los que piensan en su nombre" (Malaquías 3:16).

Cuando se encuentre en medio de una prueba recuerde que el Señor lo está observando. Pregúntese: "¿Quiero más de Dios o no? Esta es mi oportunidad para probar si realmente quiero más de Dios".

Ahora me dirijo al lector que se encuentra en este momento en la mayor prueba de su vida. ¿Es ese usted? Quisiera instarlo a considerar estas palabras: la prueba terminará. Cuando termine, habrá acabado; y usted deseara haber honrado a Dios durante esta prueba. Si lo honra, nunca tendrá remordimientos. No solo eso; cuando la prueba termine y usted tenga la satisfacción de haberla dignificado, la paz y el sentir de aprobación de Dios serán muy dulces. Lo garantizo.

¿Realmente quiere más de Dios?

Capítulo 8

PERDÓN TOTAL

... perdonándoos unos a otros, como Dios
también os perdonó a vosotros en Cristo.
—EFESIOS 4:32

L A MAYOR PRUEBA que Louise y yo tuvimos alguna vez no tuvo que ver con enfermedad, problemas de salud, problemas financieros, dificultades familiares o tensión en nuestro matrimonio. Tuvo que ver con un sentir de haber sido traicionados. La prueba más significativa de nuestra vida fue cuando estábamos en la Capilla de Westminster. Lo que sucedió nos evisceró y nos dejó con el futuro más poco prometedor que hubiéramos imaginado. Y fue algo de lo que no podíamos hablar con nadie.

Pero hubo una excepción: Josef Tson de Rumania. Algunos de mis lectores conocen la historia. Le comenté al Josef todo lo que sucedió y lo que "ellos" me habían hecho, porque sabía que no le diría a ni un alma. Creo que yo tenía la expectativa —y la esperanza— de que pusiera su brazo sobre mi hombro y me dijera: "R. T., deberías estar enojado". Pero no. Solo me miró y me dijo: "R. T., debes *perdonarlos totalmente. Hasta que no los perdones totalmente*, estarás en cadenas. Suéltalos y serás soltado".

Esta es la palabra más grande que alguien me haya dicho.

"Fieles son las heridas del que ama" (Proverbios 27:6). Me cambió para siempre. No fue fácil aceptarla. Yo protesté y dije: "Josef acabo de recordar que hay algo más que no te conté...", y en ese punto me interrumpió: "R. T. debes *perrdonarrlos totalmente*" es la manera en que recuerdo que sonó con su acento rumano. "Suéltalos y serás soltado" son las palabras que no podía desechar.

Con toda sinceridad puedo decir que lo hice. Perdoné a todos los involucrados. Realmente lo hice. Pero después de un tiempo me encontraba otra vez agitado y herido en lo profundo sintiendo enojo porque "nadie lo sabría". Ese es el asunto con haber sido herido. Uno quiere que todos lo sepan. Cuando el hervidero de amargura quería hacer erupción, tenía que perdonar nuevamente; es decir, en mi interior.

En la mayoría de —sino es que en todos— los casos *nunca* debería decirle a las personas que no se lo han pedido: "Te perdono". No. Todas las veces será contraproducente. Puede empeorar las cosas mil veces. Podrían considerar que usted los está señalando. Le dirán: "¿Qué piensas que hice mal?". Le guste o no, casi todas las personas que necesitamos perdonar con toda sinceridad y honestidad no creen que hayan hecho nada malo. Casi siempre será el caso de que (1) no saben que estamos profundamente heridos o (2) no pueden entender por qué estamos heridos. Por ejemplo, usted podría poner a las personas que tuvo que perdonar bajo un detector de mentiras y ellos pasarían la prueba con honores, porque creen que *no hicieron nada malo*. Puedo suponer con toda seguridad que esto es lo que usted también enfrenta; las personas que tiene que perdonar se sienten plenamente inocentes de cualquier maldad. Eso es lo que duele y la razón por la que es todavía más difícil perdonarlas.

Cuando dicen: "Lo lamento mucho, estoy tan avergonzado", es más fácil perdonar. Requiere muy poca gracia perdonar a las personas que lamentan lo que hicieron. La única vez en que usted debe decir: "Te perdono", es cuando alguien se lo está *pidiendo*. Eso es distinto. Cuando alguien le diga: "Por favor, perdóname por lo que hice", entonces — y solo entonces— usted deberá decir: "Te perdono".

Casi con toda certeza lo más difícil que —jamás— tendrá que hacer es perdonar a los que no saben que lo hirieron en lo profundo, y que lo dañaron. Es difícil soltar a los que querían hundirlo, arruinar su reputación, y —si hubieran podido— destruirlo. Es difícil en extremo cuando no saben lo que hicieron. Es todavía más difícil cuando lo saben y no lo lamentan.

De cualquier manera, no tenemos opción. Lo lamento, pero la única manera de avanzar —si usted quiere más de Dios— es perdonarlos. Totalmente.

TRES ACLARACIONES

Aquí se necesitan tres aclaraciones. Primero, el perdón total es un acto de la voluntad. Es lo que usted elige hacer. No espere a que Dios lo haga por usted en un momento glorioso. No lo hará. El perdón total proviene de la persuasión interna del Espíritu Santo de que esto es algo que usted debe hacer. Usted sabe en su corazón que debe hacerlo. Pero debe elegir hacerlo. *Y hacerlo.* O nunca lo hará. Después de todo va en contra de la naturaleza y con toda certeza es casi lo más difícil que se nos requerirá hacer.

Segundo, el perdón total no es aprobar lo que hicieron. Algunos dicen: "Si los perdono lo tomarán como una aprobación de su ofensa". No. Cuando Jesús perdonó a la mujer atrapada en el acto mismo del adulterio le dijo que (1) no la condenaba y (2) que debería dejar su vida de pecado (Juan 8:11). Es claro que Él no aprobaba lo que ella hizo, y esta mujer de seguro lo sabía.

Tercero, algunos confunden el perdón total con vivir en negación. Creo que existe el peligro de pensar que usted ha perdonado cuando más bien es un caso de negación. Esto significa que usted reprime o niega lo que su enemigo hizo, consciente o inconscientemente. Algunas veces, el horror de lo que hizo el transgresor mueve las emociones de la persona a tal grado que no puede imaginar lo malo que fue realmente, y fingen que no fue tan malo.

Usted no perdona en verdad cuando vive en negación. Usted perdona cuando ve claramente lo que hizo alguien y conscientemente admite que lo que hizo fue horrible, injusto e inconcebiblemente malvado. Y entonces *perdona*. Con toda consciencia. No es perdón total cuando vive en negación. No es perdón total hasta que enfrenta lo terrible que fue lo que le hicieron, pero *aún así* deja ir a la persona completamente libre. El perdón total significa que usted no lleva registro de las ofensas recibidas (1 Corintios 13:5, NTV). Pero usted *ve* con claridad las ofensas de las que decide no llevar registro.

Se requiere mucha gracia. Pero esto sucede cuando usted entra en el plano sobrenatural. Usted hace lo que la naturaleza no puede explicar; a saber, abandonar la venganza y dejarle todo a Dios.

Todos tenemos una historia que contar. Muchos lectores de estas líneas han sido lastimados bastante, bastante peor que yo. Quizá fue violado. Quizá sufrió abuso de niño, a manos de un pariente, una figura de autoridad, un líder un líder espiritual. Existe la probabilidad de que la persona niegue que le hizo algo malo. Quizá su cónyuge le fue infiel; pero lo culpa a usted por ello. Quizá su mejor amigo lo decepcionó o incluso lo traicionó. Quizá fue acusado falsamente de haber hecho algo malo, y todos creyeron la mentira. Quizá fue víctima del prejuicio racial. Probablemente algunas personas lo odian por el color de su piel. O por el vecindario en el que usted vive. Lo odian porque tienen creencias distintas a las suyas. Lo odian porque le tienen envidia. Lo odian por su apariencia agradable. Lo odian por su riqueza. O su éxito. O su habilidad. O sus conexiones. O su trasfondo. O su educación. O su trabajo. Probablemente fue puesto injustamente en prisión. Probablemente alguien le robó y usted perdió mucho dinero. Probablemente alguien le robó una buena reputación. Probablemente le prometieron un puesto, pero se lo dieron a otro, incluso a un amigo. O a un enemigo. Quizá alguien le robó dinero. Alguien coqueteó con su cónyuge. Probablemente su mejor amigo. Es posible que alguien haya puesto cosas en el internet acerca de usted que son falsas por completo. Es posible que alguien le haya dejado de hablar sin una buena razón. Es posible que alguien haya evitado que usted obtuviera la entrevista que deseaba. Quizá alguien asesinó a su amigo o familiar más cercano. Podría seguir y seguir.

Esto es lo que creo: entre mayor sea el sufrimiento, mayor es la unción. Su sufrimiento no es por nada solo *si* —y este es un inmenso *si*— usted perdona *totalmente* a su ofensor. Esto significa que usted lo absuelve, por completo. Lo cual significa que ora por la persona, ¡que Dios en realidad la *bendiga* y no solo que "trate" con ella! (cuando usted le pide a Dios que trate con esa persona, ¡es posible que tenga la esperanza de que Dios la mate! O por lo menos que la haga sufrir).

También temo que es cierto que entre mayor sea la unción, mayor es el sufrimiento. Quizá no siempre. Pero muchas personas altamente ungidas sufren mucho. Los de la Biblia que tenían una gran unción sobre ellos están entre los que más sufrieron: Abraham, Isaac, Jacob, José, Moisés, Samuel, Isaías, Jeremías y otros. Una gran unción con frecuencia es coronada con sufrimiento para que no comencemos a tomarnos demasiado en serio. Si tiene un posición o papel especial que representar en el Reino de Dios, existe la probabilidad de que experimente una mayor dosis de sufrimiento que los que están a su alrededor con menos responsabilidad. Ese sufrimiento podría ser físico —como una tos incurable, enfermedad o padecimiento— o podría ser padecer la persecución de su fe.

LA CONCLUSIÓN

Este es el asunto: ¿quiere más de Dios? ¿Sí? ¿Quiere más de Dios sin importar el costo? ¿Y si le cuesta todo lo que tiene (Proverbios 4:7)? ¿Todavía quiere más de Dios?

¿Alguna vez dijo algo así: "Nunca lo perdonaré por lo que hizo"? ¿Ha amenazado a alguien con las palabras: "No lo olvidaré" (con la intención de no dejar sin castigo lo que le hicieron)? John F. Kennedy era famoso por decir: "Perdone a sus enemigos, pero nunca olvide sus nombres".[1]

No quiero parecer injusto, pero es posible que alguien que esté leyendo estas líneas llegue a una encrucijada con esta decisión: ¿me desquito y espero la venganza, o quiero más de Dios?

¿Está dispuesto a despedirse de la venganza? ¿Se da cuenta de que la venganza es prerrogativa de Dios? "Mía es la venganza" (Romanos 12:19; Deuteronomio 32:35). "Sí, lo sé —quizá diga—, pero Dios es demasiado lento". Puedo asegurarle que a Dios le interesan sus sentimientos. Le interesa la persona que ha sufrido, que ha sido acusada falsamente, que ha sido violada, que ha sido marginada por el prejuicio racial. ¡Pero déjelo manejarlo a *Él!* Este es el mejor consejo que puede obtener:

> No devolviendo mal por mal, ni maldición por maldición, sino por el contrario, bendiciendo, sabiendo que fuisteis llamados para que heredaseis bendición. Porque: el que quiere amar la vida y ver días buenos, refrene su lengua de mal, y sus labios no hablen engaño; apártese del mal, y haga el bien; busque la paz, y sígala. Porque los ojos del Señor están sobre los justos, y sus oídos atentos a sus oraciones; pero el rostro del Señor está contra aquellos que hacen el mal. ¿Y quién es aquel que os podrá hacer daño, si vosotros seguís el bien? Mas también si alguna cosa padecéis por causa de la justicia, bienaventurados sois.
>
> —1 PEDRO 3:9-14

Puedo prometerle algo categóricamente: si Dios considera que lo mejor para usted es que Él ejecute venganza sobre su enemigo en esta vida, con toda certeza aparecerá en el camino en alguna etapa. Pero es igualmente cierto que mientras espera que eso suceda, puede conocer los caminos de Dios y, es probable que descubra que sus caminos le darán más satisfacción que cualquier otra cosa. No estoy diciendo que Dios no traerá venganza sobre los que lo han ofendido; podría hacerlo; ¡pero solo si Dios considera que es lo mejor para usted! "El Señor no negará ningún bien" si usted quiere más de Él que de cualquier otra cosa (Salmos 84:11, NTV). Quizá le dé el doble gozo de tener más de Él *además* de traer venganza sobre su enemigo. Sí, Él podría hacer eso. Pero también es posible que cuando usted experimente el gozo de más de Él, su deseo de venganza se evaporará como agua delante del candente sol.

¿Quiere vindicación por algo en el pasado? ¿Está dispuesto a abandonar la vindicación con el fin de tener más de Dios? La vindicación y la venganza son similares. Dios es responsable de ambas. Es lo que Él hace. La venganza viene cuando su enemigo es castigado; la vindicación cuando su nombre es exonerado. Ambos tienen que ver con su orgullo y autoestima. Y Dios toma la responsabilidad de ambos. Por cierto, Él no quiere su ayuda. De hecho si usted trata de ayudarlo podría retirarse de su caso por completo y dejar que usted lo maneje (para que vea cuánto empeora cuando usted toma los asuntos en sus propias manos).

Esta es una buena regla: no le robe a Dios el privilegio de hacer lo que Él hace mejor. No le quite el gozo de lo que le encanta hacer. Y no trate de dilucidar cómo lo hará. Solo puedo decir que es brillante en esto. Usted con su ingenio nunca podría —jamás— acercarse a la manera en que Dios lo hará, con esta condición: deje que Él lo maneje. Si tiene curiosidad sobre cuán brillante es Dios con respecto a la vindicación y la venganza, lea el libro de Ester y vea cómo vindicó a Mardoqueo y trajo venganza sobre su enemigo (Ester 2:21-7:10).

¿Qué supone que le dará más fuerza? ¿O energía? ¿O diversión? ¿O placer? ¿O gozo? ¿Estará dispuesto a que el gozo del Señor sea su fuerza (Nehemías 8:10)? ¿Se da cuenta de que el gozo del Espíritu Santo no es una disciplina —que viene por andar en el Espíritu—, sino que la persona misma del Espíritu Santo está llena de gozo? ¡Sí la tercera persona de la Trinidad —el Espíritu Santo— es una persona llena de gozo! Dios Padre es una persona llena de gozo (Salmos 16:11). Jesucristo está lleno de gozo (Juan 15:11).

¡En otras palabras, obtener más de Dios significará más gozo! También corregirá su presión sanguínea y le dará buena salud y más años. Más que eso, Dios lo usará en una manera que nunca soñó que fuera posible. *No prive a Dios de hacer esto. Es bueno en eso.*

Obtener venganza sobre los que lo han lastimado es el deseo más natural sobre la Tierra. ¡No necesita aprender cómo incrementar su deseo por venganza —o vindicación— por medio de una clase en una universidad! Algunas cosas no necesitan ser enseñadas; cuando se trata de nuestro ego no se necesita mayor aprendizaje. Como el deseo por la plenitud sexual es un don natural de la creación, también lo es el deseo de trascender. El anhelo de vindicación o venganza fluye de un apetito natural que pertenece a nuestra autoestima.

Por lo tanto, la disposición a perdonar totalmente o abandonar la venganza o la vindicación es sobrenatural. Sobrenatural significa que va por encima de la naturaleza. Es algo que Dios da. Cuando usted perdona totalmente ha cruzado al plano sobrenatural.

¿Le gustaría cruzar hacia el plano de lo sobrenatural? Entonces absuelva a sus ofensores. Ore por ellos; que sean bendecidos.

Quizá pregunté: "¿No hay otras maneras de obtener más de Dios?". Posiblemente. Vimos en el capítulo anterior que dignificar la prueba es un ejemplo; haga eso y lo llevará a más de Dios. Todo este libro es acerca de cómo obtener más de Dios. No obstante, si lo he entendido bien, no podemos ser selectivos con las opciones que nos llevan a recibir más de Dios. Si en verdad queremos más de Dios tomaremos con ambas manos *cualquier cosa* que nos acerque a tener más de Él.

¿O está en la "religión *Brylcreem* (gomina)"? Discúlpeme por esta comparación ridícula; me refiero a un antiguo producto que las personas usaban para el cabello. El eslogan era: "Una pequeña cantidad lo dejará bien peinado". ¿Quiere solo una "pequeña cantidad" del Espíritu Santo? Me temo que muchos están en la "religión *Brylcreem*". No sea uno de ellos. No se conforme con la religión del pueblo.

¿CÓMO SABEMOS QUE HEMOS PERDONADO TOTALMENTE?

Sigue la pregunta: ¿Cómo sabemos que hemos perdonado totalmente? Si suponemos que usted, el lector, quiere más de Dios —y sabemos que el perdón total es una demostración de que quiere más de Dios— necesitamos saber si *ha perdonado totalmente en realidad a los que lo han ofendido en alguna manera*. La pregunta, por lo tanto, es ¿si puedo demostrar en el resto de este capítulo que usted *no* ha perdonado totalmente a los que lo ofendieron, estaría dispuesto a hacerlo? Este capítulo nos llevará a una encrucijada: al momento de decidir. Tendrá la oportunidad de hacer su siguiente movimiento hacia adelante para demostrar que quiere más de Dios.

Así que, ¿cómo podemos estar seguros de que queremos más de Dios? Pablo dijo que debemos perdonar como Dios nos ha perdonado en Cristo (Efesios 4:32; Colosenses 3:13). ¿Hasta qué grado, entonces, nos ha perdonado Dios?

1. No le diremos a nadie lo que nos hicieron

Dios no le cuenta a los demás qué pecados hemos cometido, tiene la "información" de todos nosotros, pero ha prometido olvidarla: "El volverá a tener misericordia de nosotros; sepultará nuestras iniquidades, y echará en lo profundo del mar todos nuestros pecados" (Miqueas 7:19).

Yo no sé acerca de usted, por supuesto, pero se lo diré francamente: Dios tiene suficiente material sobre mí para destruirme y enterrarme de modo que nadie quiera volver a verme o escucharme hablar de nuevo. Pero, ¿adivine qué? *Usted nunca lo sabrá.* "Cuanto está lejos el oriente del occidente, hizo alejar de nosotros nuestras rebeliones" (Salmos 103:12)

Y, sin embargo, debo añadir, ¡aunque Dios ha escogido "olvidar" mis pecados, no es como si hubiera perdido la memoria! ¡Por supuesto que sabe muy bien de qué me ha perdonado! Prueba de esto es lo que Jesús enseñó. Después de haber dicho que perdonáramos "no te digo que hasta siete veces, sino hasta setenta y siete veces" (Mateo 18:22, NIV, algunas versiones dicen: "Hasta setenta veces siete"), dio la famosa parábola de "Los dos deudores":

> Por lo cual el reino de los cielos es semejante a un rey que quiso hacer cuentas con sus siervos. Y comenzando a hacer cuentas, le fue presentado uno que le debía diez mil talentos. A éste, como no pudo pagar, ordenó su señor venderle, y a su mujer e hijos, y todo lo que tenía, para que se le pagase la deuda. Entonces aquel siervo, postrado, le suplicaba, diciendo: Señor, ten paciencia conmigo, y yo te lo pagaré todo. El señor de aquel siervo, movido a misericordia, le soltó y le perdonó la deuda. Pero saliendo aquel siervo, halló a

uno de sus consiervos, que le debía cien denarios; y asiendo de él, le ahogaba, diciendo: Págame lo que me debes. Entonces su consiervo, postrándose a sus pies, le rogaba diciendo: Ten paciencia conmigo, y yo te lo pagaré todo. Mas él no quiso, sino fue y le echó en la cárcel, hasta que pagase la deuda. Viendo sus consiervos lo que pasaba, se entristecieron mucho, y fueron y refirieron a su señor todo lo que había pasado. Entonces, llamándole su señor, le dijo: Siervo malvado, toda aquella deuda te perdoné, porque me rogaste. ¿No debías tú también tener misericordia de tu consiervo, como yo tuve misericordia de ti? Entonces su señor, enojado, le entregó a los verdugos, hasta que pagase todo lo que le debía. Así también mi Padre celestial hará con vosotros si no perdonáis de todo corazón cada uno a su hermano sus ofensas.

—MATEO 18:23-35

¡Es claro que el amo de esta parábola sabía que había perdonado, pero se retractó cuando el siervo no perdonó! Cuando Dios nos ha perdonado, espera que también perdonemos. Si usted me ofende, me lastima o me traiciona, y le cuento a otros lo que usted hizo, he roto con la suposición de que voy a perdonar como he sido perdonado, y eso a Dios no le gusta ni siquiera un poco. Así que cuando le cuento al mundo la injusticia que usted ha cometido en mi contra, siendo que Él sabe muy bien que me ha perdonado, se enoja y tratará conmigo sin duda. No significa que perderé mi salvación, pero *sí* significa que he perdido el derecho a obtener más de Dios. El Señor espera que perdone a otros en la misma proporción en que me ha perdonado.

Si quiero más de Dios, no le comunicaré a nadie como usted me ha ofendido. Puedo decirle al Señor lo que usted hizo. Eso está bien. ¡Después de todo, Dios quiere que le presentemos nuestra queja! Tiene hombros grandes: "Con mi voz clamaré a Jehová; con mi voz pediré a Jehová misericordia. Delante de él expondré mi queja; delante de él manifestaré mi angustia" (Salmos 142:1-2). A Dios le gusta cuando Él es el *único* a quien le cuenta. De esta manera usted está confiando en Él. Obtiene su agrado cuando le dice a Él y solo a Él lo que la gente le hizo. Pero cuando les cuenta a otros y también le dice al Señor, Él es meramente uno más en un grupo que sabe que esta persona lo lastimó. Esto me hace pensar en el antiguo canto espiritual que vino del Sur Profundo en el siglo XIX, el cual refleja el dolor de los esclavos que trabajaban en los campos de algodón:

Nadie sabe las aflicciones que he visto;
Nadie lo sabe más que Jesús.

—ANÓNIMO

José lo ilustra de una manera hermosa (como lo escribo en mis libros *God Meant It for Good* [Dios lo encaminó a bien] y *Perdón total*). Sabía con exactitud lo que le habían hecho sus hermanos; que habían planeado matarlo, pero que en el último minuto lo vendieron a los ismaelitas (Génesis 37:19-28). Como sabía —a causa de los sueños que Dios le dio— que sus hermanos un día se inclinarían a él, supongo que pensó que un día miraría a esos hermanos y diría: "Los atrapé", y los haría pagar. Podría haber sido duro con ellos, ya que ahora era el primer ministro de Egipto. Pero para el momento en que los sueños se cumplieron, José era un hombre cambiado; un nuevo hombre, un hombre quebrantado. En lugar de castigarlos, dijo: "Haced salir de mi presencia a todos" (Génesis 45:1). José se aseguró de que no hubiera en la habitación nadie más que él mismo y sus once hermanos.

Pero ¿por qué? Porque quería asegurarse de que nadie en Egipto supiera nunca —jamás— lo que le habían hecho sus once hermanos. José sabía que era un héroe en Egipto. Quería que sus hermanos trajeran a su padre, Jacob, de Canaán a vivir en Egipto. Quería que todo Egipto admirara a sus hermanos. Estaba consciente de que si se sabía, todos los egipcios odiarían a sus hermanos. Quería asegurarse de que *nadie* en Egipto se enterara jamás de la crueldad de sus hermanos. Así que a puerta cerrada, José les reveló su identidad a sus hermanos y les demostró perdón total.

Era un tipo de Cristo; alguien en el Antiguo Testamento que lo hace pensar en Jesús antes de que Jesús viniera. José demostró verdadera piedad, al mostrar misericordia como Dios muestra misericordia (Lucas 6:36). Así como Dios no le contará al mundo de sus pecados o los míos, José estaba demostrando que nadie en Egipto sospecharía alguna vez que sus hermanos habían sido poco amables con él.

¿No es cierto que cuando la gente nos trata injustamente, estamos de inmediato en el teléfono para contarle a otros lo que "ellos" nos hicieron? ¿Por qué? ¡Porque no podemos tolerar el pensamiento de que los sigan admirando! No podemos soportar pensar que el mundo admire a personas que han sido tan malévolas. ¡También queremos castigar a nuestros enemigos por medio de denunciarlos! Así que contamos lo que nos hicieron.

Esto nunca lo debemos hacer.

Pero hay dos excepciones. Primero, usted necesita compartir con *solo otra persona* el mal que le fue hecho. Por razones terapéuticas, necesita contárselo a un amigo;

alguien quien nunca se lo dirá a nadie más. Dígaselo a un amigo cercano, pastor, vicario o consejero. Le puede decir a uno. Pero no a dos. ¡O doscientos! Le puede contar a otra persona y debería hacerlo.

Segundo, se *debe reportar un crimen*. Una mujer vino a la sacristía de la Capilla de Westminster a decir:

—Han encontrado al que me violó y ahora quieren que testifique en el tribunal de justicia.

—Debe hacerlo —respondí.

—Pero oh, Dr. Kendall, usted me enseñó a perdonar, y ya lo perdoné.

—Bien hecho. Le creo. Estoy muy orgulloso de usted por eso. Pero esto es un crimen. Usted ya lo perdonó. Esto no es personal. Todo lo que tiene que hacer es responder a sus preguntas —le dije.

Y lo hizo.

Quizá haya una tercera excepción en algunos casos: compartir un testimonio con alguien a quien le pueda ayudar por lo que usted ha pasado. Precaución: tenga cuidado de no hacer ver mal a su ofensor y de ser posible oculte su identidad. Siempre y cuando no desee hacer ver mal a la persona, sino solamente compartir por lo que ha pasado para la gloria de Dios, podría ser útil para algunos.

Fuera de estas tres excepciones debería mantenerse fiel a la regla de no decirle a nadie, porque fuera de estas tres razones, ¿cuál es la verdadera razón por la que lo contamos? Para desquitarse. Para castigar. "En el amor no hay temor, sino que el perfecto amor echa fuera el temor; porque el temor lleva en sí castigo" (1 Juan 4:18). El perfecto amor remueve la necesidad de castigar para ajustar cuentas.

Cuando usted y yo en verdad queremos más de Dios no trataremos de desquitarnos con los que han sido injustos;

dejaremos que Dios maneje todo el asunto. Es su problema. Él quiere el problema. Le da la bienvenida al problema. Pero cuando decimos lo que "ellos" nos hicieron le robamos lo que Él anhela hacer por nosotros. No prive a nuestro Padre celestial de demostrar su pericia.

2. No dejaremos que nos teman

Cuando José sin su intérprete habló con sus hermanos en su idioma: "¡Yo soy José!", estaban muertos de miedo. "Estaban turbados delante de él" (Génesis 45:3).

Fue un momento emocional para José. "Se dio a llorar a gritos; y oyeron los egipcios, y oyó también la casa de Faraón" (v. 2). Mientras que esto podría ser explicado por una costumbre antigua de Medio Oriente —como cuando Jacob alzó la voz y lloró cuando conoció a Raquel (Génesis 29:11)— quizá está pasando algo más aquí. Cuando uno espera decir: "¡Te atrapé!". Y en lugar de ello de repente los absuelve, puede sentir al mismo tiempo dolor y alivio. Duele perdonar. Está renunciando a un momento muy esperado de ver venganza. Se despide de eso. Puede ser doloroso de una manera incalculable, pero también emancipa. Cuando invito a la gente a perdonar a los que los hirieron y responden positivamente, es probable que haya muchas lágrimas.

Por otro lado, también he visto a los que perdonan sin mostrar emoción alguna. Lo que importa es el compromiso —la determinación— un acto de la voluntad que nunca revocará.

El lloro en alta voz de José no indicó que los perdonó; con eso les dijo: "Acercaos ahora a mí" (Génesis 45:4). Él sabía que estaban nerviosos y asustados. La ironía es que es probable que era lo que siempre quiso; ¡verlos tenerle miedo! Pero ahora lo tenía en bandeja de plata y lo rechazó:

"Acercaos ahora a mí". Solo quería amarlos. "El perfecto amor echa fuera el temor" (1 Juan 4:18).

El perdón total es cuando calma a su enemigo. En lugar de querer que la persona esté con los nervios de punta y ansioso, lo trata con amabilidad y dignidad. Eso fue lo que hizo José. No quería que le tuvieran miedo.

3. Nos rehusamos a hacerlos sentir culpables

José sabía que sus hermanos se sentían terribles por cómo lo habían tratado unos veinte años atrás, así que les dijo: "Ahora, pues, no os entristezcáis, ni os pese de haberme vendido acá" (Génesis 45:5). Trató de calmar su dolor mediante asegurarles que Dios estaba detrás de ello. "Me envió Dios delante de vosotros".

Sea sincero por un momento. ¿Alguna vez le ha dicho a alguien: "Te perdono", pero espera que la persona todavía se sienta mal al respecto? Si es así, todavía está tratando de clavarle el cuchillo, para hacerlo retorcerse. Temo que eso no va a servir si quiere más de Dios.

Vale la pena repetirse: se requiere un mínimo de gracia perdonar cuando sus enemigos están arrepentidos y lo lamentan. Pero se requiere *mucha* gracia para perdonarlos cuando (a) no lo lamentan o (b) no saben que usted está herido o incluso peor, (c) saben lo que hicieron, ¡pero no creen haber hecho algo mal!

Este es un desafío para usted: *perdónelos ahora*; ¡cuando no creen haber hecho nada malo! ¡Perdónelos cuando no lo lamentan! Perdónelos cuando ni siquiera tengan idea de que usted está ofendido. Jesús oró por los que lo clavaron en la cruz: "Padre, perdónalos, porque no saben lo que hacen" (Lucas 23:34). Esta es una oportunidad dorada para ser como Jesús. No eche a perder esta oportunidad de demostrar una generosidad semejante a Cristo. Si usted no perdona ahora y alguna vez cambian de opinión y lo lamentan, le piden perdón y luego usted los perdona, su galardón —si es que recibe alguno— será mínimo. Pero cuando los perdona cuando no tienen ningún sentido de vergüenza "será vuestro galardón grande" (Lucas 6:35).

No se sorprenda si a los que tiene que perdonar son amigos cercanos, parientes o moran entre "los santos". Válgame, las personas "santas" pueden ser tan, me atrevo a decir, horribles.

> Vivir con los santos en las alturas, oh eso será la
> gloria;
> Vivir con los santos abajo en la Tierra, es otra
> historia.
>
> —ANÓNIMO

4. Les permite salvar su dignidad

Salvar la dignidad (creo) es originalmente una expresión oriental. Significa permitir que la otra persona evite la humillación, la vergüenza. Usted protege sus frágiles egos. Los cubre. Dale Carnegie, quien escribió *Cómo ganar amigos e influir sobre las personas*, considera que usted gana a un amigo de por vida cuando le permite salvar la dignidad.

¿Cómo fue que José les permitió salvar la dignidad? "Así, pues, no me enviasteis acá vosotros, sino Dios" (Génesis 45:8). Lo que dijo se resume en esto: Todo ha ido según lo planeado. Dios le dijo a nuestro bisabuelo Abraham que su simiente saldría de Egipto. Alguien tenía que llegar primero acá. Dios simplemente dijo: "José, tú vas a ir primero". Fue la manera de José de decir: "¡Yo hubiera hecho lo mismo si hubiera sido uno de ustedes!".

¡No pienso que estos once hermanos pudieran creer lo bien que les estaba yendo! Deben haber tratado de absorber lo que les comunicó José: "José dice que nosotros no lo hicimos. Dios lo hizo". Mientras trataban de entender lo que había sucedido: "El mismo hombre que íbamos a matar ahora dice: "Dios lo hizo"". Así es, José dice: "Pues ya ha habido dos años de hambre en medio de la tierra, y aún quedan cinco años en los cuales ni habrá arada ni siega. Y Dios me envió delante de vosotros, para preservaros posteridad sobre la tierra, y para daros vida por medio de gran liberación. Así, pues, no me enviasteis acá vosotros, sino Dios" (Génesis 45:6-8).

Asombroso. La liberación total es rehusarse a restregárselos en la cara, sino dejarlos salvar la dignidad y darles una salida para que puedan vivir consigo mismos.

5. Los protege de su secreto más oscuro

Existe la probabilidad de que sepa algo de alguien que —si otros lo escucharan— lo destruiría. ¿Y qué pasa si usted tiene la "información" sobre su enemigo? ¿La usará para destruirlo?

¿Cuál era el oscuro secreto de los hermanos de José? Tomaron la túnica de diversos colores que Jacob había hecho para José, y la habían manchado de sangre. Enviaron el manto ricamente ornamentado a Jacob para ver si lo reconocía. Lo reconoció (Génesis 37:31-35). Puede estar seguro de que estos hermanos preferirían morirse que tener que contarle a su padre la verdad de lo sucedido.

Esto es tan conmovedor; ¡José no les permite que le digan al anciano! Les dice qué decir cuando regresen con Jacob.

Les escribe un guion. No les permite decir la verdad de lo que hicieron. Esto es más que salvar la dignidad; es protegerlos de su secreto más profundo.

Todos tenemos esqueletos en el armario. Dios no quiere sacar el esqueleto del armario y avergonzarnos. No. Nos protege de nuestro secreto más profundo.

El perdón total es esto.

5. Mantener el perdón total es una decisión de por vida

Perdonar es algo que tendrá que hacer todos los días por el resto de su vida. Es como la receta de un médico, una tableta que tiene que tomar a diario por el resto de su vida. Es como una cadena perpetua.

José lo demostró cuando, diecisiete años después, Jacob murió. Sus hermanos entraron en pánico. Corrieron a José con un ruego, ya que pensaron que esto era necesario para salvar su vida. Creían que José había esperado a que su padre muriera para entonces tomar venganza de ellos. No sabemos si ellos le dijeron a su padre toda la verdad o si Jacob la descubrió por sí mismo. Pero por temor a que José les diera su merecido, inventaron una historia.

> Tu padre mandó antes de su muerte, diciendo: Así diréis a José: Te ruego que perdones ahora la maldad de tus hermanos y su pecado, porque mal te trataron; por tanto, ahora te rogamos que perdones la maldad de los siervos del Dios de tu padre. Y José lloró mientras hablaban.
>
> —GÉNESIS 50:16-17

José lloró. "Vinieron también sus hermanos y se postraron delante de él, y dijeron: Henos aquí por siervos tuyos [Lo que sigue muestra que José, *todavía*, después de todos esos años, los perdonó]. Y les respondió José: No temáis; ¿acaso estoy yo en lugar de Dios? Vosotros pensasteis mal contra mí, mas Dios lo encaminó a bien" (Génesis 50:19-20, corchete añadido). ¡José no había pensado ni remotamente traerlo a colación! ¡La verdad es que realmente los había perdonado!

El perdón total es una decisión de por vida. Tiene que hacerlo hoy. Tiene que hacerlo mañana.

Quizá diga: "Ya lo hice una vez; eso es suficiente". Yo respondo: "Su doctrina de la santificación es un poco defectuosa". "Engañoso es el corazón más que todas las cosas, y perverso; ¿quién lo conocerá?" (Jeremías 17:9). Por esta razón tiene que practicar la piedad todos los días por medio de perdonar cada día; mientras viva. De hecho, esta podría ser la *clave* de que usted quiera más de Dios; que continúa perdonando una y otra vez. ¡Incluso podría decir que esta es la etapa en la que la unción se activa! Cuando usted demuestra que su determinación para perdonar es genuina, lo prueba por medio de seguir perdonando.

7. Usted los bendice a ellos

"Ahora, pues, no tengáis miedo; yo os sustentaré a vosotros y a vuestros hijos. Así los consoló, y les habló al corazón" (Génesis 50:21). Cuando bendice a su enemigo, ha andado un largo trecho en demostrar que quiere más de Dios. Hay por lo menos dos maneras en que podría bendecirlos. Primero, les provee. Cuida de ellos. No mira hacia atrás. Lo contrario exactamente de desquitarse es bendecirlos.

Segundo, ora por ellos. Jesús dijo:

> Pero yo os digo: Amad a vuestros enemigos, bendecid a los que os maldicen, haced bien a los que

os aborrecen, y orad por los que os ultrajan y os persiguen; para que seáis hijos de vuestro Padre que está en los cielos, que hace salir su sol sobre malos y buenos, y que hace llover sobre justos e injustos. Porque si amáis a los que os aman, ¿qué recompensa tendréis?

—MATEO 5:44-46

Amad a vuestros enemigos, haced bien a los que os aborrecen; bendecid a los que os maldicen, y orad por los que os calumnian [...] Porque si amáis a los que os aman, ¿qué mérito tenéis? [...] Porque también los pecadores hacen lo mismo [...] Amad, pues, a vuestros enemigos, y haced bien, y prestad, no esperando de ello nada; y será vuestro galardón grande, y seréis hijos del Altísimo; porque él es benigno para con los ingratos y malos. Sed, pues, misericordiosos, como también vuestro Padre es misericordioso.

—LUCAS 6:27-28, 32-33, 35-36

Si usted puede llegar al lugar en el que ora por sus enemigos de corazón, y literalmente le pide a Dios que los bendiga, ya se encuentra bastante *allí*. Es decir, usted en verdad comienza a mostrar que quiere más de Dios. Testificaría que mi mayor sentir de unción vino cuando comencé a orar de una manera genuina por los que me hirieron, no solo a nosotros, sino también a nuestros hijos. Encontré que era más fácil perdonar a los que me habían hecho mal a mí que a los que habían lastimado a nuestros dos hijos. Como todo padre sabe, cuando sus hijos se duelen, es el peor dolor de todos.

Recuerde: entre mayor sea el sufrimiento, mayor es la unción. Cuando usted puede orar de manera sincera por los que han herido a sus seres queridos, recibe la atención de Dios.

TIEMPO DE DECISIÓN

Prometí darle en este capítulo la oportunidad de perdonar. El momento ha llegado. Le voy a pedir que haga un pacto con Dios. Precaución: esto es un asunto serio. No lo haga a menos que sepa lo que hace. Usted será visto por los ángeles, por el Padre, el Hijo y el Espíritu Santo. En el Antiguo Testamento ratificar un pacto requería el derramamiento de sangre. Era así de serio. Y *todavía* es así de serio. Es porque estamos bajo un pacto hecho hace dos mil años por medio de la sangre derramada de Jesús. Esto es porque usted está a punto de hacer un voto a Dios. Es mejor no hacer un voto que hacer un voto y no cumplirlo.

> Cuando a Dios haces promesa, no tardes en cumplirla; porque él no se complace en los insensatos. Cumple lo que prometes. Mejor es que no prometas, y no que prometas y no cumplas.
>
> —ECLESIASTÉS 5:4-5

Dicho lo cual, estos es algo que usted debería hacer, o nunca cruzará la línea que en serio necesita cruzar. ¿Estás listo? Si es así, haga esta oración:

Señor Jesús, estoy arrepentido por mis pecados. Estoy arrepentido por mi amargura. Estoy arrepentido por mi rencor. Estoy arrepentido por mi falta de perdón. Lava mis pecados con tu sangre. Gracias por morir en la cruz por mí por mis pecados. Le doy la bienvenida a tu

Espíritu Santo para que venga a mi corazón en una medida cada vez mayor. Te pido no solo que me perdones, sino que también perdones a [menciones su nombre o sus nombres]. *Te pido que los bendigas. Te pido que los liberes. Yo los libero. Los suelto. Los dejo ir libres. Gracias por tu paciencia para conmigo. Amén.*

Una precaución mayor: cuando meta la pata —y así será— no diga: "Oh bueno, rompí mi pacto, así que quizá deba bien volver a mis asuntos de siempre". Eso es exactamente lo que el diablo quiere que usted haga. Cuando cometa una falta; como señalar con el dedo o comentar lo que le hicieron, *confiéselo de inmediato.* Mantenga corta su cuenta delante de Dios [confiese a Dios su falta lo más pronto posible]. Nunca olvide al buen y confiable versículo de 1 Juan 1:9: "Si confesamos nuestros pecados, él es fiel y justo para perdonar nuestros pecados, y limpiarnos de toda maldad". Luego siga avanzando. Y recuerde que el perdón total es una decisión de por vida.

Capítulo 9

DISCIPLINA PERSONAL

Mi pueblo fue destruido, porque le faltó conocimiento.
—OSEAS 4:6

U NA DE LAS cosas que me ha impactado en mi vejez
ha sido la consciencia creciente de lo poco que los
cristianos de hoy conocen lo que dice la Biblia.
Hubo un tiempo en mi vida en el que un laico típico conocía
la Biblia virtualmente tan bien como el ministro. Pero esos
días parecen haber terminado. Lamentablemente, incluso
muchos ministros no conocen lo que dice la Biblia, y solo
la consultan cuando necesitan un sermón. El presidente
de mi antiguo colegio —Trevecca Nazarene College (ahora
universidad) en Nashville, Tennessee— hizo la siguiente
observación: "R. T. vino a Trevecca con más conocimiento
de la Biblia que con el que se va la mayoría de la gente".
Ahora bien, antes de que piense que estoy presumiendo,
déjeme rápido afirmar que este no es el caso; estoy presumiendo de mis padres y mis antiguos pastores en Ashland,
Kentucky. Cuando fui a Trevecca, no tenía el propósito de
estudiar para el ministerio. Quería ser abogado penalista,
por alguna razón. Mi punto aquí es que fui enseñado a
pasar tiempo en oración y en lectura de la Biblia por mis

pastores y mis padres. Yo no sabía en esa época que eso era poco usual.

Estoy muy preocupado por el estado de la iglesia en Estados Unidos y Gran Bretaña. Inglaterra ha sido mi segundo hogar por aproximadamente treinta y cinco años, más de la mitad de mi vida adulta. Estoy endeudado profundamente con Gran Bretaña. Inglaterra me ha dado mis ministerios de predicación, pastoral, escritura e incluso de televisión. Mi deuda con Gran Bretaña es incalculable. Desde mi investigación doctoral en Oxford pasando por la Capilla de Westminster y Spring Harvest hasta Kensington Temple, no tendría ministerio si no fuera por Gran Bretaña.

La vida espiritual de Gran Bretaña ni siquiera era tan alta cuando llegamos a Oxford en 1973. Pero ha decaído a un grado alarmante desde entonces. He visto a los musulmanes incrementar en número mientras se reduce la cantidad de cristianos. Creo que en buena parte se puede rastrear a la ausencia del temor de Dios en la Iglesia británica. Esto a su vez se puede rastrear al liderazgo espiritual, ya sea de la Iglesia anglicana o de las "iglesias libres".

En Estados Unidos la situación es, en todo caso, peor. Los puritanos ingleses que vinieron a nuestras costas en el siglo XVII le dieron su alma a los Estados Unidos. Pero desde entonces los Estados Unidos han perdido su alma. Según Franklin Graham: "Los Estados Unidos han cambiado y no van a volver a menos que la Iglesia se levante".[1] Esto, desde mi perspectiva, se puede rastrear de manera principal al liderazgo espiritual de los Estados Unidos que ha permitido que un liberalismo que niega la Biblia se infiltre y destruya a la Iglesia. Mi única esperanza es que haya un gran despertar en ambos lados del Atlántico —antes de la segunda venida de Cristo— que haga que las cosas cambien.

¿Qué podemos hacer mientras tanto? Buscar tener más *de* Dios en lugar de más *beneficios de* Dios o saber más *acerca* de Dios.

En este penúltimo capítulo quiero enfatizar dos cosas: la oración personal y la lectura de la Biblia. Eso puede parecer tosco y simplista. Pero esta es mi convicción. Estas dos disciplinas deben caracterizar *a todos los cristianos,* sean laicos o en el ministerio: ministros, pastores, vicarios, obispos, sacerdotes evangelistas y maestros.

TRES COSAS

"Mi pueblo fue destruido, porque le faltó conocimiento", dice Oseas 4:6. Yo diría conocimiento de tres cosas: la Palabra de Dios, sus caminos y su sabiduría.

1. Lectura personal de las Escrituras

¿Lee su Biblia? ¿Con cuánta frecuencia? ¿Qué tan bien conoce la Biblia? En la época de Martín Lutero la gente no tenía Biblias y, por lo tanto, no podían leerlas. Hoy tenemos Biblias, pero no las leemos. El resultado es que somos virtualmente ignorantes de las Escrituras como los cristianos de la época de Lutero. Cuando Lutero tradujo la Biblia al alemán, la gente leyó la Biblia con avidez. La predicación se volvió popular. El conocimiento de las Escrituras floreció. Puso el mundo de cabeza.

Nuestro mayor pecado el día de hoy es la ingratitud. Somos como el faraón que no conocía a José (Éxodo 1:8). José le dio a Egipto una razón para vivir; transformó a la nación. Fue un héroe para toda una generación. Pero el faraón que estuvo tan agradecido con José murió. El siguiente faraón no sentía que le debiera algo a José y vio multiplicarse a los israelitas. En lugar de ser agradecido se sintió amenazado. Se puso en contra de los israelitas y los hizo sufrir.

Sea en Estados Unidos o en Gran Bretaña los de la generación actual no muestran agradecimiento o aprecio por su herencia cristiana. El pensamiento los molesta. Se resisten a cualquier pensamiento de mostrar gratitud. Tomemos a la BBC como ejemplo. Incrustado en el piso de concreto de la transmisora se encuentra este versículo:

> Por lo demás, hermanos, todo lo que es verdadero, todo lo honesto, todo lo justo, todo lo puro, todo lo amable, todo lo que es de buen nombre; si hay virtud alguna, si algo digno de alabanza, en esto pensad.
>
> —FILIPENSES 4:8

Este versículo es causa de vergüenza para la BBC en la actualidad. Es menospreciado y resentido. Y, no obstante, este pensamiento fue lo que lanzó a la BBC en 1922 hace casi cien años. El propósito de escoger Filipenses 4:8 era que la BBC sería un vehículo de lo que es verdadero, honesto, justo, puro, amable y demás. Hubo un sentido del temor de Dios detrás de escoger este versículo. Pero eso fue entonces.

Considere las universidades de Harvard, Yale y Princeton. Estas escuelas fueron fundadas sobre principios de temor de Dios por los puritanos que vinieron a América, pero hay una ausencia completa de firmes creencias bíblicas en estas universidades hoy. La Biblia recibe burlas, es hecha pedazos y es el último libro que las personas considerarían con seriedad para formar una teología hoy. Este fue el caso del seminario Southern Baptist Theological Seminary cuando estuve allí de 1971 a 1973. Mis profesores de Nuevo Testamento no creían en la resurrección de Jesucristo de los muertos, sino más bien defendían a los Rudolf Bultmanns de este mundo. Casi todos los profesores de la época preferían ser vistos como eruditos académicos que como evangélicos, ya que no eran respetados por los teólogos alemanes. Lo que pensara Harvard o Tübingen significaba más para ellos que lo que pensaran los cristianos ordinarios. Recuerdo vívidamente a un estudiante que se graduó en 1973 y quien me dijo: "Me voy del Southern Seminary sin nada que hacer. Vine a este lugar como un creyente en la Biblia. Pero me han demostrado que es un documento defectuoso, y no sé a dónde iré".

Eso ha cambiado en algunos seminarios desde entonces, por lo cual le agradecemos a Dios.

¿Por qué leer la Biblia? Primero, es la infalible Palabra de Dios. Puede creer lo que dice; puede abrazar lo que dice. El Espíritu Santo lo escribió a través de instrumentos humanos. Dios lo ha preservado a lo largo de los siglos. Y si usted quiere saber por qué Dios ha bendecido a Billy Graham, los Gedeones, Arthur Blessitt y a otros es porque defienden *la Biblia* sin vergüenza alguna. "La Biblia dice" era la frase más frecuente de Billy Graham y por la que llegó a ser famoso.

¿Por qué leer la Biblia? Segundo, usted cree que lo preservará del desastre y el fracaso. A través de la inquebrantable fe en las Escrituras, usted tendrá principios incrustados en usted que lo mantendrán firme en las tormentas de la vida. Eso es exactamente lo que prometió Jesús:

> Cualquiera, pues, que me oye estas palabras, y las hace, le compararé a un hombre prudente, que edificó su casa sobre la roca. Descendió lluvia, y vinieron ríos, y soplaron vientos, y golpearon contra aquella casa; y no cayó, porque estaba fundada sobre la roca. Pero

cualquiera que me oye estas palabras y no las hace, le compararé a un hombre insensato, que edificó su casa sobre la arena; y descendió lluvia, y vinieron ríos, y soplaron vientos, y dieron con ímpetu contra aquella casa; y cayó, y fue grande su ruina.

—Mateo 7:24-27

Sea usted laico o líder en una iglesia, el grado en que usted lee, cree y defiende la Escritura en su mente, corazón y práctica será el grado en el que su Padre celestial lo bendecirá. Nunca se arrepentirá; ¡eso se lo puedo garantizar!

¿Por qué leer la Biblia? Tercero, el Espíritu Santo le recordará lo que ha leído. Quizá se sienta aburrido y poco inspirado a veces cuando lea la Biblia. ¡Yo digo léala de todos modos! Sígala leyendo. No se detenga. Va a existir un momento en el futuro —se lo aseguro— cuando el Espíritu Santo le recordará lo que leyó, así como Jesús lo prometió en Juan 14:26. Pero si no ha leído la Biblia, ¡no habrá nada en su cabeza con lo que el Espíritu Santo pueda trabajar! Tendrá la cabeza hueca y se quedará así. ¡No permita que eso le suceda!

Digo esto en son de broma, pero ¿le gustaría un poco de "información secreta"? ¿Le gustaría un "consejo" sobre cómo estar del "lado bueno" del Espíritu Santo (si me permite decirlo así)? Puedo decírselo: dese a la tarea de conocer su Palabra. El Espíritu Santo la escribió. No se avergüenza de lo que escribió, las Santas Escrituras. Dios ha magnificado su palabra y su nombre sobre todo lo demás (Salmos 138:2). Dese a la tarea de conocer su palabra y el Espíritu Santo lo honrará sin reservas. Lo que es más, estar de lado bueno del Espíritu Santo significa tener más de Él. ¡Nunca olvide que el Espíritu Santo es Dios! Tener más del Espíritu Santo es lo mismo que tener más de Dios. Entre más conozca su producto más excelente —la Biblia— más tendrá de Dios.

2. Tiempo a solas en oración con Dios

Mi padre no era predicador. Era laico. Era auxiliar contable en la Chesapeake and Ohio Railway. Lo más cerca que llegó de ser predicador fue que dio una clase de escuela dominical a la que asistían semanalmente unas cuarenta personas. Mi primer recuerdo de él es verlo sobre sus rodillas cada mañana durante treinta minutos antes de irse a trabajar. Un par de años antes de morir, le pregunté:

—Papá, ¿por qué oras tanto? Pasas más tiempo en oración que la mayoría de los predicadores.

—El pastor Gene Phillips trató de hacer que cada miembro de la iglesia orara durante treinta minutos al día, y yo lo hice —me respondió.

No creo que pensara que era poco usual. Estoy seguro de que esos treinta minutos incluían su tiempo de lectura de la Biblia. Él conocía la Biblia, se lo aseguro. En su tumba, en Fitzgerald, Georgia, pusimos estas palabras: "Un hombre de oración". Oh sí, muy cierto.

Crecí pensando que el tiempo a solas con Dios de mi papá cada mañana era normal. Ahora entiendo que era poco usual, pero en cualquier caso me lo heredó. Por esta razón no puedo tomar el crédito por la manera en que leí mi Biblia y oré de niño y de joven.

Espero que aquí haya lectores —jóvenes y viejos, ministros y laicos— que quieran ser así. ¡Por favor, escúchenme! Le ahorrará mucha tristeza y remordimiento.

"Mi pueblo fue destruido, porque le faltó conocimiento". Llegará a conocer su Palabra por medio de leer la Biblia. Llegará a conocer sus caminos por medio de pasar tiempo con Él. Usted muestra cuánto estima a otra persona por cuánto tiempo le da. La manera de deletrear *amor* para los niños es T-i-e-m-p-o. Si Dios evaluará su amor por Él por cuanto *tiempo* le dedica, ¿cómo lo haría sentir eso?

No habrá oración en el cielo. Cuando dije esto hace unos años en la Capilla de Westminster se molestó una linda mujer sorda. Dijo que disfrutaba tanto su tiempo a solas que pensaba que no tener esto en el cielo la decepcionaría. Pero así será. No habrá necesidad de orar en el cielo. Cierto compositor de himnos entendió esto cuando escribió el último verso del himno "Sweet Hour of Prayer" [La dulce hora de la oración]:

> Dulce hora de la oración, dulce hora de la oración,
> Que yo comparta tu consuelo,
> Hasta que desde la alta cima del monte Pisga,
> Vea mi hogar y emprenda mi vuelo:
> Este manto de carne dejaré caer y me levantaré
> Para tomar el galardón eterno;
> Y gritaré, mientras pase por el aire:
> "¡Hasta siempre, dulce hora de la oración, hasta
> siempre!".[2]
>
> —WILLIAM W. WALFORD (1772-1850)

El tiempo que pasamos a solas en oración con Dios no es un desperdicio. Aparte de ser un ejemplo más de sobreedificar su superestructura con oro, plata y piedras preciosas, lo que hará por usted en esta tierra no se puede calcular. Entre otras cosas: Marcará una gran diferencia en su unción, en su habilidad para entender la Biblia y —sobre todo— para obtener más de Dios.

Cuando esté delante de Dios en el tribunal de Cristo quizá tenga muchos remordimientos sobre la manera en que invirtió su tiempo y su dinero, pero no sé recriminará por el tiempo a solas qué pasó con Dios. No puede recuperar esas horas. Muestran a un grado considerable lo mucho que Dios significa para usted.

La oración es fuente de poder. "Recibiréis poder", dijo Jesús (Hechos 1:8). Por consiguiente los discípulos pasaron los siguientes diez días en oración antes de que el Espíritu Santo cayera sobre ellos. El tiempo invertido a solas con Dios es una de las mejores maneras para conocer los caminos de Dios. Dios tiene sus caminos. Dios se lamentó del Israel antiguo: "No han conocido mis caminos" (Hebreos 3:10). Quiere que conozcamos sus caminos. ¡Quiere que a usted le agraden sus caminos! Pero difícilmente podrá conocer sus caminos si no tiene tiempo para Él. Puede leer acerca de sus caminos en libros, incluyendo los míos. Pero todos mis libros no pueden sustituir el tiempo que necesita pasar a solas con Dios.

Como digo en mi libro *Did You Think to Pray?* [¿Consideró orar?], Martín Lutero oraba *dos horas* diarias. Juan Wesley oraba *dos horas* todos los días. El líder eclesiástico promedio en ambos lados del Atlántico el día de hoy ora *cuatro minutos* al día. ¿Y se pregunta por qué la Iglesia no tiene poder?

¿Qué tanto tiempo ora usted?

3. Un temor de Dios no fingido

Si quiere sabiduría de Dios, este es el camino hacia adelante. Como veremos más adelante, el temor del Señor es el principio del entendimiento, del conocimiento y de la sabiduría.

El camino hacia la sabiduría es bastante simple. No requiere preparación académica, buena crianza, alto coeficiente intelectual o tener buenas relaciones. Es simple: usted recibe sabiduría cuando tiene verdadero temor de Dios.

¿Significa tenerle miedo a Dios? Sí y no. Sí, cuando usted considera que tiene su destino en sus manos, que la ira de Dios viene y que es el arquitecto de la idea del infierno. Creo que eso es suficiente para hacernos tenerle miedo. Eso fue lo que trajo a cientos a Jerusalén para escuchar a Juan el Bautista. Su primer mensaje del Nuevo Testamento fue: "¿Quién os enseñó a huir de la ira venidera?" (Mateo 3:7). Cuando Juan el Bautista hizo esa pregunta la suposición era: "De seguro alguien les advirtió. ¿Quién les advirtió? ¿Alguien lo hizo? Si no, los han decepcionado; no les han hecho ningún favor al no advertirles".

Uno de los mensajes más olvidados de la Biblia es que somos salvos "de la ira venidera" (1 Tesalonicenses 1:10). La ira de Dios es la razón del evangelio (Romanos 1:18). Como mencioné antes, cuando Jonathan Edwards terminó su sermón "Pecadores en las manos de un Dios airado" (8 de julio de 1741) la gente quedó espantada hasta la muerte, las personas se sostenían de las bancas y de los troncos de los árboles para evitar resbalar al infierno, lo cual nos dice que tenían miedo de Dios.

Este es el asunto: nosotros en nuestra generación es entendible que no queramos ser considerados personas que decimos que deberíamos tenerle miedo a Dios; después de todo, en la actualidad, esa manera de pensar es vista al mismo tiempo como anticuada y cruel. Como consecuencia muchos de nosotros nos apresuramos a darle a Dios una mejor "publicidad". Tratamos de enfatizar que el temor de Dios solo significa "asombro" o "respeto". Puedo entender en verdad por qué la gente hace esto. Pero ¿ha funcionado? ¿Ha traído de vuelta a la gente a la iglesia? Para nada.

No solo eso, opino que cuando se escuche el clamor de medianoche (Mateo 25:6) —lo siguiente a suceder en la agenda de Dios— la gente se morirá del susto. Las personas se asustaron hasta la muerte cuando cayeron las Torres Gemelas en la ciudad de Nueva York el 11 de septiembre de 2001. Pero el clamor de medianoche hará que parezca como nada en comparación. La autoridad del mensaje mismo lo hará. En todo caso cuando la gente vea a Jesús en las nubes con gran gloria, no solo llorarán y gritaran, sino que se lamentarán a causa de Él (Apocalipsis 1:7). Esto solo puede significar que tendrán miedo.

Dicho lo cual, por supuesto que acepto que Dios no quiere que le tengamos miedo los sesenta segundos de cada minuto, veinticuatro horas al día. Eso produciría neuróticos y personas raras. Yo no quiero eso al igual que usted. Así que no, Dios no quiere que le tengamos miedo veinticuatro horas al día; solo que recordemos que es un Dios celoso, que odia el pecado y que castigará el pecado. Lo que quiere de nosotros es el nivel de respeto por Él que cambie nuestra vida; eso es lo que busca el libro de Proverbios:

> El principio de la sabiduría es el temor de Jehová; los insensatos desprecian la sabiduría y la enseñanza.
> —PROVERBIOS 1:7

> El temor de Jehová es el principio de la sabiduría, y el conocimiento del Santísimo es la inteligencia.
> —PROVERBIOS 9:10

Para ponerlo de otra manera, ¿ha notado cuántas referencias abiertas hay sobre la promiscuidad sexual y la pureza sexual en Proverbios? Lea Proverbios 6:20-35, Proverbios 7 y muchos más. Hay una conexión inseparable entre la pureza sexual y la sabiduría. Si usted se entrega al sexo fuera del matrimonio heterosexual, pierde el derecho a la sabiduría, dice Proverbios. No puede tener ambos. Si quiere sabiduría, será sexualmente puro. Si quiere ser un insensato será promiscuo sexualmente. Si descarta lo que le digo aquí fallará en gran manera y nunca se recuperará.

En otras palabras, la pureza sexual es una señal de que usted en verdad teme al Señor, sea que le tenga miedo o respeto. Cuál sea el adjetivo que usted utilice para describir lo que significa el temor del Señor, evite la promiscuidad sexual si quiere sabiduría.

La sabiduría de Dios trasciende cualquier otro tipo de sabiduría: filosofía, budismo, psicología o matemáticas. La sabiduría de Dios es la presencia de su mente. Su sabiduría no lo convertirá en un Einstein o en un gran matemático, pero logrará más con ella que lo que logrará sin ella. No solo eso, como solía decir Juan Wesley a los primeros metodistas: "Nuestra gente muere bien".[3] Cuando obtenga más de Dios obtendrá más sabiduría de la que haya soñado tener. Por otra parte, como cité al inicio de este libro:

> Sabiduría ante todo; adquiere sabiduría; y sobre todas tus posesiones adquiere inteligencia. Engrandécela, y ella te engrandecerá; ella te honrará, cuando tú la hayas abrazado.
>
> —Proverbios 4:7-8

Dios con frecuencia le habla a su pueblo conforme a sus propios intereses. Por ejemplo, ¿quiere ser juzgado? Entonces no juzgue (Mateo 7:1; Lucas 6:37). ¿Quiere prosperar?

Entonces dé generosamente (2 Corintios 9:6). ¿Quiere sabiduría? Entonces tema al Señor. Es gratuito. Sí, cuesta; si tomamos en cuenta su autoestima y las cosas que podría tener que dejar, pero se le ofrece justo a la mano; comience de una vez a temer a Dios y no mire hacia atrás.

Este es un trato bastante bueno, si me lo pregunta. Aunque podría costarle todo lo que tiene, lo que obtiene a cambio excede lo que dejó más de mil veces. Vivirá bien. La sabiduría es la presencia de la mente del Espíritu Santo. Él sabe qué paso dar a continuación. No comete errores. Lo invita a obtener su conocimiento infinito, inmejorable y perfecto. Usted se remontará.

Y morirá bien. Terminará bien. Y mientras tanto obtendrá más de Dios.

Se reduce a esto: disciplina personal. El dominio propio, un fruto del Espíritu (Gálatas 5:22-23), lo habilita para hacer una promesa y cumplirla; La promesa de leer su Biblia con regularidad. Obtenga un plan de lectura que lo lleve a través de la Biblia en un año. A medida que pasen los años usted estará contento de haber comenzado a leer la Palabra de Dios a diario, por lo menos dos, sino es que cuatro, capítulos al día. La disciplina personal lo habilitará para cumplir su promesa de orar más. Si usted no es un ministro o líder eclesiástico le recomiendo que ore por lo menos treinta minutos diarios. Si usted es un ministro o líder eclesiástico le sugiero que ore no menos de una hora al día.

Durante mi último año en la Capilla de Westminster fui invitado a dirigirme a cien clérigos en Londres. Me fueron dados diez minutos para hablar sobre el tema de la oración. Utilicé esos diez minutos para persuadir a estos ministros de que pasaran no menos de una hora al día en oración. Mi mensaje fue muy apreciado.

Leer a diario entre dos a cuatro capítulos de la Biblia requiere disciplina. Orar treinta minutos o una hora al día requiere disciplina. En otras palabras si usted quiere más de Dios será disciplinado en lo personal; y continuará siéndolo.

EJERCICIO FÍSICO

Incluso añadiría: sea disciplinado con su cuerpo cuando se trate de la dieta y el ejercicio. Hace más de quince años John Paul Jackson me dio un consejo espontáneo y no solicitado mientras cenábamos: "R. T., vivirás hasta una edad avanzada. Pero si no te pones en forma física, no lo disfrutarás" (o algo parecido). Sus palabras me ubicaron. Las tomé con seriedad. T. R. me compró un libro de dietas el cual leí de pasta a pasta. Comencé a adelgazar. ¡Todavía me peso todos los días, ya que sé lo fácil que es engordar!

Steve Strang me dio algunos ejercicios los cuales he mantenido a diario por más de quince años. Por sugerencia suya, contraté a un entrenador. Hoy hice veintiún flexiones de brazos. Trato de por lo menos hacer veinte todos los días. Es mi opinión que no podría ser capaz de viajar como lo hago —a los ochenta y tres años— si no hubiera escuchado la advertencia de John Paul Jackson. Ya que Pablo dijo que "el ejercicio corporal para poco es provechoso" (1 Timoteo 4:8) muchos han descartado el ejercicio físico como poco importante, ya que suponen que Pablo lo estaba criticando. El Dr. Martyn Lloyd-Jones creía que Pablo estaba *alentando* el ejercicio físico al mismo tiempo de simplemente mostrar que la piedad es más importante. Esta comprensión se alinea con la manera en que la NVI traduce el versículo: "Pues aunque el ejercicio físico trae algún provecho, la piedad es útil para todo, ya que incluye una promesa no solo para la vida presente, sino también para la venidera".

Lo mismo sucede con ser disciplinado cuando se trata de su relación con Dios. Dependiendo de cuánto signifique para usted, orará más, leerá más su Palabra y se asegurará de tener un temor de Dios genuino. Si usted no *necesitaba* este capítulo, ¡qué bueno! Si lo necesitaba y aplica lo que dicho en este capítulo, su vida nunca será la misma de nuevo. Será una persona más feliz, se lo prometo. Obtendrá más de Dios, se lo garantizo. Y terminará bien.

LA PARTE MÁS DIFÍCIL

Antes de cerrar este capítulo, temo que hay más que podemos comprender cuando se trata de la disciplina personal. Significa esperar y esperar. Y luego esperar más. Significa nunca rendirse sin importar lo largo de la espera.

La paciencia ciertamente no es una de mis mayores virtudes. Incluso odio esperar que una taza de café instantáneo se enfríe; con frecuencia le añado un cubo de hielo para poder comenzar a sorberla en segundos. Después de venir a Inglaterra, aprendí a admirar la manera británica de esperar en *cola* (esperar en la fila). Nunca se quejan. Es tan embarazoso ver a un turista estadounidense adelantarse en la fila en Inglaterra como lo haría en un supermercado estadounidense.

Le guste o no, obtener más de Dios viene a quienes lo desean tanto que lo esperan con paciencia. No importa cuánto tome. Después de todo Dios *siempre* aparece a final de cuentas.

Y, no obstante, descubro que no estoy solo en mi desprecio por esperar cuando leo ciertas escrituras:

¿Hasta cuándo, Jehová? ¿Me olvidarás para siempre?
¿Hasta cuándo esconderás tu rostro de mí?

—SALMOS 13:1

¿… hasta cuándo, oh Jehová, se gozarán los impíos?

—SALMOS 94:3

¿Hasta cuándo, oh Jehová, clamaré, y no oirás…?

—HABACUC 1:2

Y clamaban a gran voz, diciendo: ¿Hasta cuándo,
Señor, santo y verdadero, no juzgas y vengas nuestra
sangre en los que moran en la tierra?

—APOCALIPSIS 6:10

Luego leo versículos en la Biblia que muestran que Dios
no solo es compasivo con nuestra espera, sino que sabe
cuándo entrar en acción.

Pacientemente esperé a Jehová, y se inclinó a mí, y
oyó mi clamor.

—SALMOS 40:1

Porque no contenderé para siempre, ni para siempre
me enojaré; pues decaería ante mí el espíritu, y las
almas que yo he creado.

—ISAÍAS 57:16

Porque él conoce nuestra condición; se acuerda de
que somos polvo.

—SALMOS 103:14

Y [Abraham] habiendo esperado con paciencia,
alcanzó la promesa.

—HEBREOS 6:15, CORCHETE AÑADIDO

Dios dijo hace tiempo: "Mas si desde allí buscares a Jehová tu Dios, lo hallarás, si lo buscares de todo tu corazón y de toda tu alma" (Deuteronomio 4:29). "Y me buscaréis y me hallaréis, cuando me busquéis de todo vuestro corazón" (Jeremías 29:13).

TRES ENEMIGOS MÁS

Para ayudarnos a esperar con paciencia debemos vencer tres enemigos de la carne: (1) el sentimiento de sentirnos con derecho, (2) la autocompasión y (3) confiar en nosotros mismos como justos. Este trío de nuestra débil carne siempre hace aparecer su fea cabeza cuando esperamos.

- Comenzamos a sentirnos con derecho cuando hemos sido pacientes por mucho tiempo y empezamos a pensar que Dios nos debe algo. No nos debe nada, así que supérelo.

- La autocompasión se introduce a hurtadillas cuando piensa que ha esperado más tiempo de lo necesario y comienza a sentir compasión por sí mismo. Supere esto también; la autocompasión invariablemente no lo llevará a nada.

- Confiar en sí mismo como justo incrementa todavía más después de un tiempo de hacer lo correcto. Nacimos con ello y nunca queda erradicado. Jamás olvide cómo nuestro Señor detestaba a los que confiaban en sí mismos como justos, tal y como era ejemplificado por los fariseos (Mateo 6:1 en adelante; 23:5 en adelante).

No se rinda a ninguno de estos impostores. Jamás. Recuerdo la famosa determinación de Winston Churchill en la Segunda Guerra Mundial:

Nunca ser rindan, jamás se den por vencidos, nunca, nunca, nunca, nunca —en nada, grande o pequeño, importante o banal—, jamás se rindan excepto a las convicciones del honor y el buen juicio. Nunca se rindan a la fuerza; nunca se rindan al aparente poderío abrumador del enemigo.[4]

POR ÚLTIMO, PERO NO POR ESO MENOS IMPORTANTE

Nuestro verdadero enemigo es el diablo. Nunca lo olvide: "… resistid al diablo, y huirá de vosotros" (Santiago 4:7). Su aliento se encuentra invariablemente detrás del sentimiento de tener derecho a algo, la autocompasión y de confiar en sí mismo como justo. También conozca las tres R de la guerra espiritual: reconozca, rehúsese y resista. Aprenda a *reconocer* al diablo. No tome la oposición *de manera personal*, aunque haya personas que le estén siendo obstáculo o intenten derribarlo. Reconozca quién es el verdadero enemigo: el diablo; su lucha no es contra "carne y sangre", o contra las personas (Efesios 6:12). No ignore sus maquinaciones (2 Corintios 2:11). *Rehúsese* a escucharlo. No preste atención a sus malas sugerencias. Rehúsese a pensar en ellas. Luego, *resístalo*. Huirá de usted.

Sed sobrios, y velad; porque vuestro adversario el diablo, como león rugiente, anda alrededor buscando a quien devorar; al cual resistid firmes en la fe, sabiendo que los mismos padecimientos se van cumpliendo en vuestros hermanos en todo el mundo. Mas el Dios de toda gracia, que nos llamó a su gloria eterna en Jesucristo, después que hayáis padecido un poco de tiempo, él mismo os perfeccione, afirme, fortalezca y establezca.

1 Pedro 5:8-10

Nunca, nunca, nunca, nunca se rinda. El viejo cliché es absolutamente cierto: Dios nunca llega demasiado tarde, nunca demasiado temprano, sino siempre justo a tiempo.

Capítulo 10

LA GLORIA QUE VIENE DE DIOS

¿Cómo podéis vosotros creer, pues recibís gloria los unos de
los otros, y no buscáis la gloria que viene del Dios único?
—JUAN 5:44

STO ES LO mejor de lo mejor. Mi capítulo final muestra *lo que obtiene* cuando Dios se manifiesta. Revela lo que sigue, tarde o temprano, si usted quiere de manera genuina más de Dios y también lo busca.

¡Esta es la ironía: al buscar más de Dios, usted termina obteniendo más *beneficios de* Dios después de todo! Al tener un deseo por más *de* Dios, en lugar de tratar de obtener algún *beneficio de* Él, se encuentra este sorprendente beneficio adicional: obtenemos un *beneficio de* Él. Y, ¿cuál es?

Lo obtenemos a Él.

Querido lector, no hay nada mejor que esto. De hecho, no hay nada mejor ni puede haber algo mejor que esto. ¿Cómo lo hace sentir? Si saber que usted lo obtiene a *Él* lo emociona de la cabeza a los pies, se encuentra en buena forma espiritual. Pero si usted dice: "Ah, ¿eso es todo?". Tengo que decirle con tanto amor, pero con tanta firmeza como pueda que tristemente demuestra que solo quiere *beneficios de* Él y que su presencia no es una prioridad para usted.

Otra manera de explicar el beneficio que usted obtiene de Él es un galardón. Esa recompensa es la gloria que viene a usted de parte de Dios. Vale la pena la espera. Su galardón se revela en dos etapas: (1) en el aquí y el ahora y (2) en el tribunal de Cristo.

Dios mostrará estar complacido con usted *aquí en la Tierra*, en el momento menos esperado. Finalmente lo hará de una vez por todas en el tribunal de Cristo, cuando su veredicto sea revelado: "Así que, no juzguéis nada antes de tiempo, hasta que venga el Señor, el cual aclarará también lo oculto de las tinieblas, y manifestará las intenciones de los corazones; y entonces cada uno recibirá su alabanza de Dios" (1 Corintios 4:5). Jesús habló acerca de un galardón al final del libro de Apocalipsis.

He aquí yo vengo pronto, y mi galardón conmigo, para recompensar a cada uno según sea su obra.

APOCALIPSIS 22:12

Es un galardón inmenso. Una recompensa incalculablemente rica: la alabanza de Dios. Su honor. Su gloria. La alabanza de Dios es su recompensa para nosotros por hacer un esfuerzo por obtener su aprobación en oposición a buscar la alabanza de la gente. El principio de perder su vida por causa de él y luego hallarla (Mateo 10:39), yace detrás de este suceso. Si vamos en pos de los beneficios que podamos obtener de Dios, probablemente nunca los obtendremos, pero si hacemos el esfuerzo de obtener más de Dios Él nos recompensará con alabanza, honor y gloria. Mi consejo: ajuste su enfoque a primero obtener todo lo que pueda *de* Dios y Él lo sorprenderá al hacer "mucho más abundantemente de lo que pedimos o entendemos" (Efesios 3:20).

¡Por supuesto, le presenta todas sus peticiones de oración a Él! ¡Por supuesto, usted ora por sus seres queridos, por buena salud, sanidad, ayuda financiera, dirección y prosperidad! Considere el padrenuestro. Jesús redactó este modelo de oración de tal forma que pudiéramos enfocarnos *primero* en Dios más que en nosotros mismos cuando nos acercamos a Él.

> Padre nuestro que estás en los cielos, santificado sea tu nombre. Venga tu reino. Hágase tu voluntad, como en el cielo, así también en la tierra.
>
> —Mateo 6:9-10

El padrenuestro es una oración centrada en Dios. Debemos enfocarnos al principio en Dios y en sus prioridades para nosotros. Luego oramos por nuestras necesidades físicas y espirituales.

> El pan nuestro de cada día, dánoslo hoy. Y perdónanos nuestras deudas, como también nosotros perdonamos a nuestros deudores. Y no nos metas en tentación, mas líbranos del mal.
>
> —Mateo 6:11-13

El Señor se manifestará en el momento que usted menos lo espere. De pronto, sin aviso, viene con su galardón.

¡He escrito este capítulo final para asegurarle que toda su espera, su oración y dignificación de las pruebas no es tiempo perdido! Dios *intervendrá*. Él *vendrá*. El escritor de Hebreos se refiere a esta doble venida del Señor: en el aquí y el ahora y en el juicio final.

Porque aún un poquito, y el que ha de venir vendrá,
y no tardará.

—Hebreos 10:37

¿Qué me dice del aquí y el ahora?

¿Qué es lo que exactamente viene de Dios en el aquí y el ahora? Jesús responde: "La gloria [alabanza] que viene del Dios único" (Juan 5:44), como explicaré abajo.

Como algunos creyentes quizá recuerden, Juan 5:44 ha sido "el versículo de mi vida" a lo largo de sesenta años. Esto no significa que he llevado a cabo fielmente este principio durante sesenta años; solamente significa que esta ha sido *mi meta escogida* durante estos años. Jesús no nos dice que tengamos que llevar a cabo esto de una manera perfecta; dice que debemos *buscar* hacerlo. Los fariseos se perdieron de su Mesías porque como Jesús les dijo: "No buscan", o no hacen ningún esfuerzo por obtener la alabanza que viene del Dios único.

Este versículo crucial implica que Dios promete bendecirlo si usted busca su gloria en lugar de la aprobación humana.

No se puede concebir
una promesa mayor

Podría argumentar que Juan 5:44 contiene la mejor oferta de la Biblia. Jesús presenta una promesa de pacto del Padre: que si usted pone la alabanza de Dios primero y voluntariamente deja a un lado la alabanza humana le concederá el más alto honor que puede ser concebido en este planeta. Mientras usted lee estas líneas el cielo le ofrece la promesa de que el Dios de la Biblia le concederá un privilegio que solamente proviene de Él. ¿Qué puede ser más grande que el Dios altísimo lo recompense con este honor? Los honores como cenar con el presidente, tomar el té con la reina, lograr una medalla de oro olímpica o ganar un premio Nobel ni siquiera se acercan al privilegio ofrecido en Juan 5:44.

La promesa es que la alabanza que proviene a del Dios único *vendrá* a usted y a mí. Pero Dios basa la oferta en una condición: que busquemos con toda conciencia su honor y pongamos en suspenso la alabanza humana. Ese es el trato. Por cierto, Dios no nos incitaría a buscar el honor que proviene de Él si no hubiera en ello algo para nosotros. Es un hilo común de Génesis a Apocalipsis: Dios obtiene nuestra atención y nos motiva por medio de apelar a nuestro interés propio.

Y, no obstante, algunos podrían no estar interesados en lo más mínimo en este tipo de honor. Algunos preferirían por mucho tomar té con la reina o recibir un premio Nobel que tener la alabanza de Dios. Algunas personas *viven* para la alabanza y la aprobación de la gente. Es lo que les importa. De hecho, es *todo* lo que les importa. La alabanza de Dios no significa nada en absoluto para la mayoría de la gente.

Por lo tanto, esta no es una oferta que sea generalmente atractiva. Es como ofrecerle agua alguien que no tiene sed, comida *gourmet* a alguien que no tiene apetito, un crucero alrededor del mundo a alguien que le tiene miedo al agua. Desear más de Dios es una ambición que la mayoría de la gente no tiene. Pero si usted, el lector, honestamente desea la alabanza de Dios más que cualquier otra cosa en el mundo, le tengo buenas noticias: Dios lo honrará por quererlo. Se deleita en darle su alabanza a los que la buscan.

Dicho lo cual, debo añadir que *no* tener este deseo y *no* hacer un esfuerzo por buscar la alabanza de Dios tiene la más sombría de las consecuencias. Juan 5:44 muestra cómo puede perderse del mover actual de Dios simplemente porque su apetito no es por más de Dios. Como dije previamente, este versículo muestra como los israelitas se perdieron de su Mesías. Jesús lloró sobre la ciudad de Jerusalén porque los israelitas perdieron lo que debería haber sido suyo (Lucas 19:41-44). ¡Piénselo! No les cruzó por la mente desear y buscar la gloria de Dios. ¡Piense en su gran herencia cultural! Abraham, Isaac, Jacob, Moisés, Samuel, Elías, Eliseo y los profetas del Antiguo Testamento tenían en común un anhelo por honrar al verdadero Dios y buscar su gloria sobre la alabanza humana. Esos eran sus antecedentes.

Pero se perdieron de lo que Dios estaba haciendo en su día por escoger la aprobación de los demás en lugar de esforzarse por buscar la alabanza del Dios único. Así fue con exactitud como se perdieron de su Mesías. Así es como la gente puede perderse de lo que Dios está haciendo en una generación dada. Jonathan Edwards con frecuencia es citado por haber dicho que la tarea de cada generación es descubrir en qué dirección se mueve el Redentor soberano y luego moverse en esa dirección.

El soberano Dios del cielo y de la Tierra le revelará su alabanza *ahora*.

Recuerde, la palabra *alabanza* proviene de la palabra griega *doxa*: gloria, honor. La raíz griega para *doxa* significa "opinión". Significa su *voluntad*. Es lo que Dios quiere, lo que escoge. Es cuando Dios desvela su opinión, el conocimiento de su voluntad. La opinión de Dios y la voluntad de Dios son la misma cosa. La gloria de Dios es la dignidad de su voluntad. La alabanza que proviene de Él es la revelación de su voluntad u opinión.

Dios tiene una opinión sobre todo. Cuando su opinión resulta ser su alabanza de *usted* por buscar su gloria sobre el aplauso de la gente, es una emoción que no puede poner en palabras. No hay un sentimiento mayor en este mundo que saber que le agradamos a Dios.

La pregunta es: ¿cómo nos *muestra* Dios que lo agradamos? Después de todo, en el tribunal de Cristo, su opinión será revelada de manera abierta delante de toda persona que alguna vez haya vivido. Pero en la Tierra —de este lado de ese evento atemorizante— nos mostrará su opinión. Sí. Ahora. Esto es, si hemos buscado su honor sobre la aprobación de la gente.

Por lo tanto, la pregunta es: ¿cómo Dios muestra su aprobación por nosotros aquí en la Tierra? Respuesta: su presencia lo hace. Cuando se manifiesta, lo sabemos. Es un gozo inefable y la plenitud de su gloria. Es interno. No es para el mundo. No es para sus amigos. No es para sus enemigos. Es para usted. Otra manera de decirlo es esta: es el testimonio inmediato y directo del Espíritu Santo. Cuando esto viene es inequívocamente reconocible. Usted lo sabe.

ESTAR CONTENTO CON SU PAPEL

En el capítulo 4 enfaticé que debemos aceptar nuestra unción y sus límites como dice en Romanos 12:3.

> Digo, pues, por la gracia que me es dada, a cada cual que está entre vosotros, que no tenga más alto concepto de sí que el que debe tener, sino que piense de sí con cordura, conforme a la medida de fe que Dios repartió a cada uno.

Esto significa que no deberíamos tomarnos tan en serio. Supongo que alguno de nosotros —en especial los que tienen mucha ambición y les gusta estar bajo los reflectores— siempre combatirán este asunto de tomarnos demasiado en serio. Sé que yo lo hago. Pero un gran sentir de la presencia inmediata de Dios ayuda inconmensurablemente aquí. Por ejemplo, considere lo que dice Pablo acerca de nuestro papel particular en el Cuerpo de Cristo. Compara el Cuerpo de Cristo con el cuerpo humano. Habla de la cabeza, del ojo, de la mano; las cuales son partes visibles del cuerpo, representan un alto perfil y una responsabilidad prominente.

> Ni el ojo puede decir a la mano: No te necesito, ni tampoco la cabeza a los pies: No tengo necesidad de vosotros. Antes bien los miembros del cuerpo que parecen más débiles, son los más necesarios; y a aquellos del cuerpo que nos parecen menos dignos, a éstos vestimos más dignamente; y los que en nosotros son menos decorosos, se tratan con más decoro. Porque los que en nosotros son más decorosos, no tienen necesidad; pero Dios ordenó el cuerpo, dando más abundante honor al que le faltaba, para que no haya desavenencia en el cuerpo, sino que los miembros todos se preocupen los unos por los otros. De manera que si un miembro padece, todos los miembros se duelen con él, y si un miembro recibe honra, todos los miembros con él se gozan.
>
> —1 Corintios 12:21-26

Esas partes del cuerpo como la cabeza o el ojo representarían el perfil más alto en el Cuerpo de Cristo como apóstoles, profetas y maestros. Las partes "menos decorosas" —como los riñones o el páncreas— son vitales para la supervivencia física del cuerpo, pero tendemos a darlas por sentado como aquellos con el don de ayudar (1 Corintios 12:28) porque no son notorios.

La aplicación de Pablo es la siguiente: no todos son el ojo o la cabeza, no todos son apóstoles. No todos tienen el don de hacer milagros o de enseñar. No todos pueden estar delante de todos y como consecuencia obtener mucha atención. No todos los siervos de Cristo pueden ser Billy Graham. Como dije en mi libro sobre la envidia: ¡Billy Graham ha despertado a celos a más ministros que cualquier otra figura en la historia de la iglesia! O para acercarlo más a nuestra realidad, tengo que aceptar que no soy un Charles Spurgeon ni un Dr. Martyn Lloyd-Jones.

Este es el punto: cuando el océano está en marea baja uno puede ver los residuos y las conchas en la playa. Así es cuando la envidia se introduce a hurtadillas; puede ser una vista poco agradable. Pero cuando entra la marea cubre los residuos. Cuando hay un gran sentir de la presencia de Dios, la envidia disminuye. ¡El resultado es que estamos felices con ser el páncreas o el intestino delgado y no tener ni alto ni bajo perfil! El poder del Espíritu nos ayuda a aceptar el límite de nuestra fe o nuestro lugar en el Reino de Dios.

Pablo quiere que pensemos con sobriedad con respecto a la medida o límite de nuestra unción, sea que la marea esté alta o baja. Cuando entra la marea es mucho más fácil aceptar nuestro lugar en el Cuerpo de Cristo sea de alto o bajo perfil. Entre mayor sea la sensación de la presencia de Dios es más fácil aceptar nuestros límites; entre menos experimentemos la presencia de Dios es más difícil lidiar con no ser reconocido apreciado.

Los que escogen la alabanza, el honor y la gloria que provienen de Dios en lugar de la aprobación de la gente tienen esta promesa: *seremos capaces de regocijarnos* en nuestra situación o llamado cuál este sea, sin importar que tengamos el don del que ayuda o seamos un apóstol. Es un sentimiento tan agradable. La recompensa de buscar el honor y la gloria que proviene de Dios y no la alabanza de la gente es la *paz interior* para aceptar un perfil bajo o ningún perfil en el Cuerpo de Cristo.

INCREMENTOS DE GLORIA
EN LA VIDA ACTUAL

Algunas veces la palabra *gloria* se puede definir como una experiencia. Es algo que usted siente, lo cual es una gracia especial para el momento. Es consciente, trascendente y lleno de gozo. No obstante, debo repetir lo que dije anteriormente: cierta medida de sufrimiento —y yo incluso lo llamaría un ataque satánico— con frecuencia antecede a la experiencia de ser mudado de "gloria en gloria" (2 Corintios 3:18).

La consciencia de recibir la alabanza que proviene de Dios quizá nos lleve a incrementos a menudo de una manera repentina e inesperada. Me refiero a toques especiales del Espíritu de Dios que usted puede *sentir,* incrementos de la *sensación* de su presencia. Aunque esto podría *parecer* subjetivo y que apela a las emociones de la persona, lo que estoy describiendo ahora —tan extraño como parezca— es justo lo opuesto. Es objetivamente real. Es decir, la persona que lo experimenta lo encuentra tan real como lo que ve, huele, gusta o toca. Otros no lo verán. Por eso uno tendría que decir que tiene la apariencia de ser subjetivo. Pero para la persona que recibe esta medida de la presencia de Dios es tan real como si lo viera con sus propios ojos.

Dr. D. Martyn Lloyd-Jones (1899-1981)

Uno de mis predecesores en la Capilla de Westminster fue el gran Dr. Martyn Lloyd-Jones. Tenía un elevado intelecto. Era médico, discípulo del médico del rey Jorge VI, Lord Horder, pero se convirtió en el más grande predicador de nuestra época; con toda certeza el mejor desde C. H. Spurgeon, y es posible que el mejor de todos los tiempos. No obstante, muchos de sus seguidores reformados se sienten avergonzados por su enseñanza del Espíritu Santo. Y, sin embargo, es la clave para comprender cómo funcionaba su mente. El Dr. Lloyd-Jones no solo sostenía que la enseñanza de los dones del Espíritu está disponible para nuestro día; era firme en enfatizar que el testimonio del Espíritu es algo que uno *siente*. No sentía ninguna vergüenza de referirse al testimonio del Espíritu como una experiencia. Creía que el bautismo en el Espíritu Santo —a lo cual también le gustaba llamarlo el sello del Espíritu, como en Efesios 1:13— era normalmente algo que *sucedía después de* la conversión. Citó a Juan Wesley al decir que el testimonio del Espíritu Santo es "algo inmediato y directo no el resultado de la reflexión o de la argumentación".[1] El Dr. Lloyd-Jones creía que uno podía ser un buen cristiano "mucho antes de tener este testimonio directo del Espíritu, esta experiencia abrumadora".[2] Detestaba la idea de que el bautismo del Espíritu Santo era inconsciente y afirmaba una y otra vez que era una experiencia consciente. Ahora cito unas palabras de mi libro *Fuego santo* (Casa Creación):

> Creía que los Gálatas habían experimentado está venida del Espíritu como algo subsecuente a su

conversión. Interpretó Gálatas 3:2 de este modo. Pablo dijo: "Esto solo quiero saber de vosotros: ¿Recibisteis el Espíritu por las obras de la ley, o por el oír con fe?". El Doctor hizo esta observación: "¿Cómo puede alguien responder a esa pregunta si es algo fuera del plano de la experiencia? ¿Cómo puedo saber si he recibido o no el Espíritu sino es algo experiencial?".[3]

No obstante, esta experiencia consciente después de la conversión quizá sea solo la primera de muchas experiencias semejantes del Espíritu Santo. Por eso me refiero a incrementos del Espíritu al creyente. Es un testimonio inmediato y directo del espíritu que puede venir en repetidas ocasiones; de hecho, muchas, muchas veces.

Tal incremento del Espíritu Santo puede venir mientras estamos orando de una manera activa y consciente. Quizá suceda mientras está caminando en el parque o por la calle principal de una ciudad. Podría venir mientras está en el centro comercial. Podría suceder al leer la Biblia; cualquier parte de ella. Podría venir al cantar una canción o un himno. Podría suceder mientras conduce camino al trabajo, conversa o envía mensajes de texto con alguien o estira la mano para tomar un libro o un periódico. Podría venir mientras ve televisión o pública algo en las redes sociales. Podría ocurrir justo antes de ir a la cama. Podría venir al despertar; y, de hecho, este incremento de gloria podría incluso despertarlo.

Cuando D. L. Moody (1837-1899) lo experimentó por primera vez estaba en Nueva York. Fue tan poderoso que Moody tuvo que pedirle a Dios que "detuviera su mano".[4]

UN NIVEL MÁS ALTO DE SEGURIDAD

Un incremento de gloria —ser cambiado de un nivel de gloria a otro— siempre significa una dosis de mayor seguridad. Es cuando Dios viene de manera inequívoca. Dios conoce lo que necesitamos en el momento. Estoy hablando de toques de Dios que ciertamente pueden afectar sus emociones, pero que son objetivos. Usted lo sabe y lo siente. La palabra griega es *plerophoria*, la cual significa plena certidumbre o completa certidumbre. Lo puede aplicar en más de una forma. Estos son algunos ejemplos de lo que hará por usted tener más de Dios.

1. Le dará plena certeza de la esperanza. *Plerophoria* se utiliza para describir plena certeza de "esperanza"; como si lo que espera ya hubiera llegado (Hebreos 6:11-13), o como cuando Jesús dijo: "Por tanto, os digo que todo lo que pidiereis orando, creed que lo recibiréis, y os vendrá" (Marcos 11:24).

2. Hará que Dios sea muy, muy real para usted; esto es lo que sucede cuando Dios le hace un juramento como veremos en las páginas que vienen.

3. Usted tiene la fe consciente para aceptar las cosas *como son* sin refunfuñar.

4. Disminuye la necesidad de tratar de hacer que las cosas sucedan y empujar el brazo de la Providencia; recuerde que solo Dios puede cambiar el agua en vino.

5. Quizá reciba plena certidumbre de entendimiento (Colosenses 2:2), como cuando un tema doctrinal o un versículo bíblico en particular se vuelve diáfano como el cristal. Para quién la aptitud doctrinal y la exactitud son muy importantes, esta es una de las mejores cosas que les puede suceder como una señal de la alabanza que proviene de Dios.

6. La disposición de permitir que Dios lo vindique se vuelve fácil; como cuando David no quiso tomar ventaja del arca del pacto en su exilio, sino que esperó que Dios la trajera de vuelta a Jerusalén (2 Samuel 15:25).

7. La verdadera sabiduría se establece al tener la presencia de la mente del Espíritu Santo. Tal certidumbre yace detrás de que Dios muestre el siguiente paso hacia delante para conocer su voluntad. La sabiduría se puede definir como saber qué hacer a continuación. La plena certidumbre del Espíritu puede hacer que esto sea claro para nosotros.

8. Experimentará un sentimiento de ser prescindible. Es el polo opuesto de tomarse demasiado en serio o sentirse con derecho a algo. Pablo no estimaba su vida como algo de valor: "Pero de ninguna cosa hago caso, ni estimo preciosa mi vida para mí mismo" (Hechos 20:24); los que vencieron a Satanás por la sangre del Cordero "menospreciaron sus vidas hasta la muerte" (Apocalipsis 12:11).

9. Aceptará su unción y sus restricciones (Romanos 12:3); y no se quejará de no ser tan capaz o talentoso como alguien más.

10. Experimentará un fluir espontáneo del "fruto del Espíritu" como se describe en Gálatas 5:22-23; el incremento de gloria le traerá gozo y paz sobrenaturales.

Es a menudo un bautismo de amor *ágape* —amor desinteresado— cuando el amor de Dios puede, de hecho, hacer del perdón total una experiencia ¡sin tener que ejercitar su voluntad! Es cuando un sentimiento de amor abrumador hace que perdonar a alguien sea tan fácil como comer tarta de zarzamora. Mientras que el perdón total suele ser un acto de la voluntad, cuándo el Espíritu viene con gran poder, ¡el amor descrito en 1 Corintios 13 puede manifestarse sin ningún esfuerzo! No obstante, eso no siempre viene con un incremento de su gloria. Hay que tomar en cuenta, como le mostraré más adelante, que cualquier incremento de gloria es temporal. Necesitará renovarlo con otro incremento de gloria. Pero en el momento es casi abrumador y, con toda certeza, inolvidable.

CUANDO DIOS LE HACE UN JURAMENTO

Hebreos 6:18 se refiere a *dos* cosas inmutables o que no pueden cambiar; a saber, la promesa y el juramento. Ambas son de Dios; ambas son igualmente verdaderas y confiables. Pero una promesa se nos suele dar bajo una condición, la cual a menudo contiene un *si*. Es cuando Dios dice: "Haré esto si tú haces lo otro". Un versículo famoso es 2 Crónicas 7:14:

Si se humillare mi pueblo, sobre el cual mi nombre es invocado, y oraren, y buscaren mi rostro, y se convirtieren de sus malos caminos; entonces yo oiré desde los cielos, y perdonaré sus pecados, y sanaré su tierra.

E incluso también Juan 5:44 es una promesa. La palabra *si* no es explícita, pero está implícita; la alabanza que proviene de Dios se le promete a los que escogen la aprobación de Dios sobre la de las demás personas.

No obstante, debo decir más: Juan 5:44 es la promesa del *juramento*. Una de las maneras en que usted sabe que Dios le ha dado su alabanza es que confirma la promesa con un juramento. Lo principal acerca del juramento es que remueve toda duda. No obstante, algunas veces Dios renueva su promesa antes de hacernos el juramento. Incluso podría dar una sucesión de promesas. Esto lo hizo con Abraham. Le dio una promesa tras otra (Génesis 12:2; 12:7; 13:15-17; 15:5; 17:6-8; 17:15-16; 18:14; 18:27-32). Promesas, promesas, promesas.

Pero un día Dios le hizo un juramento a Abraham que resultó ser la experiencia que coronó su vida. El escritor de Hebreos se refiere a este juramento. No olvide que tanto la promesa como el juramento son igualmente confiables y verdaderos, ya que ambos son dados por el mismo Dios que no puede mentir (Hebreos 6:18).

Pero cuando se da un juramento no hay condiciones, demoras o dudas restantes. El juramento siempre es muy real, muy claro y totalmente persuasivo. Es "el fin de toda controversia" (Hebreos 6:16). Si tiene que preguntar: "¿He recibido un juramento?", casi con toda certeza no. Usted sabe que es un juramento cuando Dios mismo se impone, interviene, toma cartas en el asunto y se hace bastante, bastante real.

Para resumir: un juramento es sobrenatural, inequívoco y convincente por completo. Por ejemplo, un juramento es tan claro que pasa de largo la necesidad de recibir certeza por medio de razonamientos. No que haya algo de malo en utilizar la razón. Es perfectamente legítimo y bíblico decir: "Sé que soy salvo porque he confiado en Jesucristo". Es una manera válida de llegar a tener certeza de la salvación. Pero cuando Dios le hace un juramento usted no tiene que buscar la certeza por medio de razonamientos. El testimonio inmediato del Espíritu lo hace por usted. Lo siente. Lo sabe. La emisión de un juramento es lo que sucedió cuando Dios le juró a Abraham después de que estuvo dispuesto a sacrificar a Isaac.

> Por mí mismo he jurado, dice Jehová, que por cuanto has hecho esto, y no me has rehusado tu hijo, tu único hijo; de cierto te bendeciré, y multiplicaré tu descendencia como las estrellas del cielo y como la arena que está a la orilla del mar.
>
> —Génesis 22:16-17

Abraham recibió este juramento después de haber esperado con paciencia. Tenía alrededor de ochenta y cinco años cuando recibió la promesa que lo llevó a que su fe le fuera contada por justicia.

> Luego vino a él palabra de Jehová, diciendo: No te heredará éste, sino un hijo tuyo será el que te heredará. Y lo llevó fuera, y le dijo: Mira ahora los cielos,

y cuenta las estrellas, si las puedes contar. Y le dijo:
Así será tu descendencia.

—Génesis 15:4-5

Esa fue la *promesa*. Abraham la creyó. Podría haber dicho: "Dios, no puedes hablar en serio. No bromees. ¿Esperas que crea una palabra como esa?".

Pero no, Abraham creyó la promesa y dice que "le fue contado por justicia" por Dios (Génesis 15:6). Se convirtió en el fundamento bíblico para la enseñanza de la justificación por fe solamente de Pablo (Romanos 4:1-5). Eso, como dije, le vino a Abraham a los ochenta y cinco años. Y, no obstante, fue aproximadamente veinte años después —a la edad de ciento cinco años— que Dios le hizo el juramento.

Esto es a lo que se refiere el escritor de Hebreos con las palabras: "Y habiendo esperado con paciencia, alcanzó la promesa" (Hebreos 6:15); a saber, el juramento. Observe con cuidado: "Alcanzó la promesa". A Abraham se le prometieron descendientes tan numerosos como las estrellas de los cielos y la arena a la orilla del mar. Sin embargo, ¿Abraham pudo *ver* su descendencia? ¡Esto tomaría cientos y cientos de años! ¿Cómo podría ver generaciones incontables de personas llegar a ser tan numerosas que nadie las pudiera contar (Apocalipsis 7:9)? La respuesta: fue el juramento. ¡El juramento fue tan real que era como si los incontables miles de millones hubieran nacido ya y nacido de nuevo! Así de real fue el juramento para Abraham. Ya no tenía que "ejercer su fe", como tal; el juramento era el equivalente a la realidad.

El primer ingrediente notable en un juramento es *lo real que es Dios. Lo verdadera que es su Palabra*. Lo habilitará para creer que la Biblia es infalible. No es como si un juramento reemplazara la necesidad de la fe. Pero es *casi* así. Mientras que la fe es estar convencido de lo que uno no ve (Hebreos 11:1), el juramento pone fin a la discusión. No hay más necesidad de razonamiento. Es un incremento de gloria.

¿POR QUÉ SE NECESITA UNA RENOVACIÓN DESPUÉS DE HABER RECIBIDO UN JURAMENTO?

Usted quizá diga: "¿Entonces por qué necesito ser cambiado de un nivel de gloria a otro si ya recibí un juramento?". La respuesta: "Incluso un juramento necesita ser renovado con más incrementos de gloria del trono de gracia". Todos somos humanos. Permanecemos humanos. Tenemos al diablo como enemigo. Ningún incremento de gloria de este lado del cielo remueve de manera permanente la necesidad de más "tiempos de refrigerio" del Señor (Hechos 3:20). Incluso después de Pentecostés los discípulos recibieron otro derramamiento del Espíritu que sacudió el lugar y los llenó de nuevo (Hechos 4:31).

La comida más deliciosa y que lo sacia no evita que vuelva a tener hambre. La bebida más dulce y más fresca que beba no evita que vuelva a tener sed. Así que un juramento necesita ser seguido de incrementos de gloria que hagan que Dios sea más y más real. Entre más recibe de Dios, más quiere de Dios.

Dicho lo cual, una vez que el juramento le ha sido hecho de manera inicial es una experiencia cumbre. Es una experiencia que nunca podrá olvidar, quizá como cuando los discípulos vieron la transfiguración de Jesús (Mateo 17:1-8). Necesitarían más enseñanza y más ánimo. Pero jamás olvidarían ver a Jesús transfigurado delante de sus ojos. De la misma manera, una vez que un juramento le sea dado, jamás dudará del momento ni de lo que significó para usted. Pero después de un tiempo quiere más. Y más.

QUE OTROS VEAN A JESÚS EN NOSOTROS

No puedo evitar esta parte del libro. Pero la encuentro dolorosa. Pablo habla de "Cristo en vosotros, la esperanza de gloria" (Colosenses 1:27). Pablo oró por los Efesios: "Para que habite Cristo por la fe en vuestros corazones" (Efesios 3:17). Una cosa es experimentar su presencia y otra muy distinta que otros vean a Cristo en nosotros.

En otras palabras, si Cristo está en nosotros, ¿que no la gente debería *verlo a Él* cuando nos ve?

Tengo que reconocer que me siento la persona menos calificada para escribir esta parte de mi libro. Yo quiero tanto que otros vean a Jesús en mí. Dios quiera suceda pronto. Tengo una sospecha bastante firme de lo que la gente ve en mí, o como me percibe: un anciano con quizá un poco de sabiduría, un teólogo, un maestro de la Biblia. Eso es todo. Temo que no ven a Jesús; solo a un maestro. Me gustaría agradecer que Dios no ha terminado conmigo todavía y qué sea tan misericordioso con este anciano como para concederle una semejanza a Cristo que tiene ya tiempo que debería haber llegado.

Pienso en Arthur Blessitt. Un jeque árabe que vio a Arthur en un restaurante en Amán, Jordania, insistió en pagar su cuenta todo porque lo vio a la distancia. Cuando Arthur preguntó por qué el jeque había pagado su cuenta, el árabe lo miró y dijo: "Quiero lo que usted tiene". Arthur le preguntó qué quería decir con eso. El jeque árabe le dijo: "Mire a todas esas personas. Nadie está sonriendo. Pero usted tiene una sonrisa, un resplandor en su rostro. Quiero lo que usted tiene". Entonces Arthur le explicó que era un seguidor de Jesucristo quien murió en la cruz por nuestros pecados. Después Arthur le presentó el evangelio y luego dirigió al jeque árabe a orar para recibir a Jesús.

Cristo en nosotros puede traer un gozo interno; no hay duda de eso. Pero también debería ser visible a los demás.

VINDICACIÓN

La vindicación significa limpiar su nombre de duda, culpa o sospecha. Es una experiencia bastante satisfactoria especialmente si sus seres queridos dudaron de usted o quienes usted admira fueron sacudidos por lo que se presentó como una verdad acerca de usted, pero que no era cierto. La necesidad de ser vindicado puede correr muy en lo profundo y ser bastante dolorosa e invasora; puede ser difícil pensar en otra cosa cuando ha sido acusado falsamente o mal entendido.

Pero este es el asunto: *la vindicación es lo que Dios hace.* Como con su gemela, la venganza, es prerrogativa del Señor castigar a los que lo han lastimado (Deuteronomio 32:35; Romanos 12:19; Hebreos 10:30). A Dios no le gusta ni un poquito cuando levantamos un dedo para vindicarnos a nosotros mismos. No quiere nuestra ayuda, ni la necesita.

Esta es una garantía: si comienza a tratar de limpiar su nombre verá a Dios distanciarse de usted. Si usted se involucra personalmente en el asunto de vindicarse a sí mismo encontrará que Dios se hará a un lado. Quiere hacerlo todo Él mismo. Y por cierto, *la manera* en que lo hace no solo es "inescrutable" (Romanos 11:33) es una imagen más hermosa y emocionante de lo que podamos imaginar incluso si tuviéramos miles de años para planearlo. Como un maestro artista que no necesita que nadie toque el pincel, así el maestro vindicador terminará la pintura con un estilo, elegancia y sobrecogimiento que le quitará el aliento. En una palabra, no prive a Dios de hacer lo que le *encanta* hacer.

Dos tipos de vindicación

Hay dos tipos de vindicación: (1) interna: el testimonio del Espíritu, y (2) externa: que es visible para todos. La última es la que con naturalidad queremos primero. Pero es la vindicación interna lo que debería buscar; es lo mismo que buscar la gloria que proviene de Él en Juan 5:44. Dios podría darle o no la vindicación externa en esta vida; solo está garantizada en el tribunal de Cristo. Pero la vindicación interna es lo que con toda certeza puede tener; es lo mismo a cuando Dios le hace un juramento.

Cuando Dios le hace un juramento, hace referencia a la vindicación interna: persuasiva y satisfactoria por completo. Eso fue lo que obtuvo Abraham.

Quizá diga: "Cuando Dios vindica de una manera abierta para que todos lo vean, es ciertamente muy satisfactorio". De acuerdo. Pero también es una experiencia carnal. No requiere fe. Es como un cumplido; a todos nos gustan. Es una palmada en la espalda. Y algunas veces Dios se complace en darle la alabanza de la gente; incluso como una señal de su propia alabanza. Pero no la espere, y nunca la busque.

Una cosa más: Dios solo vindica la verdad. No es *usted* lo que es vindicado, sino la verdad. Sea si lo que usted cree es doctrina pura y sana, la verdad de lo que usted hizo o dijo, la verdad de lo que ellos hicieron o dijeron. La verdad saldrá a la luz, le guste o no: "Porque nada hay oculto, que no haya de ser manifestado; ni escondido, que no haya de ser conocido, y de salir a luz" (Lucas 8:17). La vindicación de Jesús fue interna. Fue "justificado en el Espíritu" (1 Timoteo 3:16). Él *no* recibió su gozo de las multitudes, de sus discípulos o su alabanza. Siempre puso sus ojos en el Padre. Siempre.

> De cierto, de cierto os digo: No puede el Hijo hacer nada por sí mismo, sino lo que ve hacer al Padre; porque todo lo que el Padre hace, también lo hace el Hijo igualmente [...] gloria de los hombres no recibo [...] nada hago por mí mismo, sino que según me enseñó el Padre, así hablo [...] porque yo hago siempre lo que le agrada.
>
> —JUAN 5:19, 41; 8:28-29

Jesús obtenía su gozo del testimonio del Espíritu. El Espíritu Santo le dijo que le agradaba al Padre. Eso era lo que le interesaba a Jesús. Todo lo que hizo fue para agradar al Padre. Todo lo que hicieron los fariseos era para que los hombres los vieran (Mateo 23:5). Pero la vindicación interna del Espíritu motivaba a Jesús.

En otras palabras, Jesús no necesitaba la aprobación de los fariseos. Ni siquiera la quería. No eran su pueblo en primer lugar. Jesús sabía que los fariseos no creían en Él. Pero tampoco le habían sido dados por el Padre; no estaban entre los escogidos de Dios. Les dijo: "Por esto no las oís vosotros, porque no sois de Dios" (Juan 8:47). Jesús les dijo a los fariseos: "Mas os he dicho, que aunque me habéis visto, no creéis". ¡Pero no se preocupen! "Todo lo que el *Padre me da, vendrá* a mí" (Juan 6:36-37). Es la manera de Jesús de

decir, por más tajante que sea: "Ustedes fariseos no creen
en Mí porque Dios no los escogió. Pero a los que Dios escogió *creerán* en Mí". Palabras fuertes. "Dura es esta palabra",
dijeron muchos de sus discípulos (Juan 6:60). "Por eso os he
dicho que ninguno puede venir a mí, si no le fuere dado del
Padre", concluyó Jesús (Juan 6:65; cf. 6:44)

Jesús nunca fue vindicado por las multitudes ni por los
judíos, el sumo sacerdote, Herodes o Pilato. Su vindicación
provenía del Espíritu. El juramento de Dios a su hijo era
una revelación continua, sin parar. Era la manera en que
Jesús recibía su gozo y afirmación. En su bautismo el Padre
dijo: "Este es mi Hijo amado, en quien tengo complacencia"
(Mateo 3:17). Cuando fue transfigurado delante de los discípulos el Padre dijo: "Este es mi Hijo amado, en quien tengo
complacencia; a él oíd" (Mateo 17:5).

NO SE NOS PROMETE VINDICACIÓN EXTERNA EN ESTA VIDA

Jesús debe ser nuestro ejemplo. Nosotros también debemos
recibir nuestra vindicación del Espíritu Santo: el testimonio
interno, el testimonio inmediato y directo y el juramento
de que agradamos a Dios.

Lo lamento, pero no se nos promete vindicación externa
en esta vida. Es probable que la queramos más que ninguna
otra cosa. Es probable que la anhelemos. Podríamos rogarle
a Dios que nos la conceda. Podríamos ayunar para obtenerla.
Pero Dios nunca prometió que la venganza, la vindicación
o la prueba de la aprobación de Dios serían vistas abiertamente por nuestros amigos, seres queridos o enemigos
en esta vida presente. Dios podría hacerlo, por supuesto, ¡y

algunas veces lo hace! Pero no está prometido, así que no cuente con eso.

En uno de mis momentos más sombríos abrí mi Biblia, y mis ojos cayeron sobre estas palabras:

> Esto es demostración del justo juicio de Dios, para que seáis tenidos por dignos del reino de Dios, por el cual asimismo padecéis. Porque es justo delante de Dios pagar con tribulación a los que os atribulan, y a vosotros que sois atribulados, daros reposo con nosotros...
>
> —2 TESALONICENSES 1:5-7

"¡Qué bien! —pensé—. Qué increíble. Esto es maravilloso". Es decir, hasta que seguí con la lectura...

> ... *cuando se manifieste el Señor Jesús desde el cielo con los ángeles de su poder.*
>
> —2 TESALONICENSES 1:7

¡Oh no! Qué cosa. ¿Debo esperar tanto? Sí, me temo que así es.

Es cierto que Dios puede y algunas veces vindica e incluso algunas veces trae venganza sobre los que nos han herido aquí abajo.

Pero no cuente con la vindicación externa hasta el tribunal de Cristo. ¡Podría o no obtenerla entonces! ¿Por qué lo digo? ¡Porque existe la posibilidad de que usted no reciba vindicación después de todo! Una cosa es segura: lo descubrirá cuando el juicio final de Dios revele la verdad (1 Corintios 4:5). Dios *vindica la verdad*. Cuando la verdad sea revelada —y a usted le toque vindicación— la obtendrá.

En cualquier caso Dios tendrá la última palabra. Valdrá la pena la espera.

El tribunal de Cristo

> Porque es necesario que todos nosotros comparezcamos ante el tribunal de Cristo, para que cada uno reciba según lo que haya hecho mientras estaba en el cuerpo, sea bueno o sea malo.
>
> —2 Corintios 5:10

El gozo máximo que vendrá los que buscaron más de Dios en la tierra sucederá en el tribunal de Cristo. Esta es una traducción de la palabra *bema*: siendo el *bema* un asiento en el que se entregaban recompensas y castigos en la Corinto antigua. Pablo usa una palabra que los Corintios podían entender a plenitud. Los creyentes que en verdad querían *y* buscaron más de Dios en la Tierra —"en el cuerpo"— serán recompensados en el tribunal de Cristo con la mayor felicitación que se pueda concebir. Esto provendrá de los labios de Jesús mismo.

Estoy de acuerdo con los de ustedes que dicen: "Con toda seguridad tener más de Dios mientras uno está en el cuerpo es una recompensa en sí misma". También diría que perdonar a otros de una manera total es una recompensa en sí misma; de hecho, el amor es una recompensa en sí misma. Pero todavía hay más recompensas después. Los que perdonaron a sus enemigos, oraron por ellos y bendijeron a sus enemigos tendrán una gran recompensa en el cielo (Lucas 6:35), dijo Jesús. Pablo también lo dice: "Si permaneciere la obra de alguno que sobreedificó, recibirá recompensa" (1 Corintios 3:14). Por lo tanto, aquellos que querían más de Dios obtienen una doble bendición: (1) la presencia inmediata de Dios mientras en el cuerpo, más (2) la recompensa en el tribunal de Cristo.

Tales personas recibieron solo una medida finita del sentido de aprobación de Dios en la Tierra. Ser cambiado de "gloria en gloria" no se compara con lo que viene. El apóstol Pablo dijo:

> Pues tengo por cierto que las aflicciones del tiempo presente no son comparables con la gloria venidera que se ha de manifestar en mí.
>
> —ROMANOS 8:18

Pero Dios guarda lo mejor para el final. Esto se verá en el tribunal de Cristo.

No entraremos en los detalles cronológicos y escatológicos que rodean este evento atemorizante, ni trataremos con el juicio de Dios de los impíos —quienes están perdidos para siempre— en este libro. A lo que se refiere Pablo en 1 Corintios 3:12-15 y 2 Corintios 5:10 es al juicio de los *cristianos*. *Todos los que sean salvos* estarán delante del tribunal de Cristo. El juez es Jesucristo mismo (Hechos 17:31). Seguirá a su segunda venida (2 Timoteo 4:1; Hebreos 9:27-28). Pablo llama a Jesús, "juez justo" (2 Timoteo 4:8). El veredicto será recto, imparcial, justo, final. Qué contraste con los jueces de esta Tierra que se pueden sobornar, amenazar e influenciar por favores y quienes permiten que la gente quede impune habiendo cometido asesinato y corrupción sin fin. Pero no en el tribunal de Cristo.

Este es del día de los días que los profetas de Dios han previsto durante siglos. Es llamado "día de castigo contra todos los orgullosos, los arrogantes y contra todos los que se exaltan a sí mismos" (Isaías 2:12, PDT), "el día de Jehová" (Amós 5:18), y "el día grande y espantoso de Jehová" (Joel 2:31). Aunque Jesús no había tocado el tema del juicio final en el Sermón del Monte había tanta conciencia de ese día que solo necesitaba referirse a "aquel día" cuando se acercó al final de su sermón. "Muchos me dirán en aquel día: Señor, Señor, ¿no profetizamos en tu nombre, y en tu nombre echamos fuera demonios, y en tu nombre hicimos muchos milagros?" (Mateo 7:22). Todos sabían a qué día se refería.

En ese día de días seremos testigos del veredicto definitivo y final del Dios altísimo; el Dios de perfecta justicia. Para algunos será el día más espeluznante que jamás haya existido. Será más atemorizante ese día que el día en que Dios reveló la Ley: cuando Moisés temblaba por lo que veía. La ansiedad en el corazón de los que no quisieron más de Dios alcanzará un pico más allá de cualquier nivel experimentado antes. Es cuando todos los hombres y mujeres tendrán que dar cuenta de cada palabra ociosa que han dicho (Mateo 12:36). Es cuando el cristiano recibirá su recompensa y cuando la verdad acerca de todo y de todos será conocida.

Con una gloriosa excepción: los pecados de los que se hayan arrepentido y hayan sido lavados por la sangre de Jesús no serán mencionados.

Sí hemos buscado nuestra herencia fielmente mientras estábamos "en el cuerpo" —y demostramos que queríamos más de Dios— recibiremos una recompensa. En otras palabras, si elegimos la superestructura antes mencionada de oro, plata y piedras preciosas mientras estábamos en el cuerpo recibiremos una recompensa. Pablo dice que ese día "por el fuego será revelada" (1 Corintios 3:13) y que el fuego probará la calidad de la obra de todos. Si ese fuego será literal o metafórico —o quizá ambos— no lo sé con certeza. No especularé cómo será esta recompensa o lo que será. Estoy satisfecho con que sea recibir de Dios un: "Bien hecho". Eso es suficiente para mí.

Si erigimos una superestructura de madera, heno y hojarasca, seremos salvos como por fuego, pero no recibiremos recompensa (1 Corintios 3:12-15). No puedo comprender lo doloroso que será para los que sean salvos como por fuego. La recompensa que será dada es la máxima alabanza que proviene del Dios único. Es cuando experimentaremos la promesa de Juan 5:44, a saber, que los que eludieron la gloria de los hombres, pero escogieron el honor y la alabanza que proviene del único Dios, la recibirán.

En la Tierra esa gloria era en incrementos; meros toques de la sensación de su aprobación. Pero en el tribunal de Cristo uno recibirá la gloria máxima que proviene de Dios. A los que construyeron su superestructura con oro, plata y piedras preciosas, pero que se fueron al cielo antes de este juicio final, les "será otorgada amplia y generosa entrada en el reino eterno de nuestro Señor y Salvador Jesucristo" (2 Pedro 1:11). Pero la recompensa final será entregada en el tribunal de Cristo.

No puedo imaginar cómo será. Juan habla acerca de tener "confianza" en el día del juicio (1 Juan 2:28; 4:17). La versión de La Palabra de Dios para Todos dice: "seguros" (1 Juan 4:17). Eso con toda seguridad se les aplicaría a los que fielmente han andado en la luz en su jornada terrenal (1 Juan 1:7).

El tema central a lo largo del día del juicio será *vindicación*. Será un día de vindicación para Dios; esto es, cómo podría ser visto en la Biblia como un Dios de misericordia y justicia, y permitir el mal al mismo tiempo y todavía ser justo. Dios limpiará su nombre (Habacuc 2:1-4). Por favor, vea mi libro *Totally Forgiving God* [Cómo perdonar por completo a Dios], en el que explico cómo el profeta Habacuc comprendió esto. Será un día de la vindicación de la verdad; que la Biblia es la Palabra infalible de Dios (Juan 12:48). Será un día de la vindicación del Señor Jesucristo, el Dios-hombre, quien siempre fue la verdad y el único camino al Padre (Juan 14:6; Filipenses 2:9-11). La verdad y el error de todas las doctrinas sostenidas por muchas personas a lo largo de los siglos serán revelados.

Será la vindicación de todos los que han sufrido menosprecio acusaciones falsas heridas profundas y flagrantes injusticias. No puedo imaginar cómo será. Cómo expondrá Dios el mal comportamiento de algunas personas que en verdad eran salvas —y cuyos pecados han sido perdonados— es un asunto que le dejaré a Dios. Es probable que eso pertenezca a la superestructura de madera y heno cuando será expuesto que los que eran salvos fueron vengativos rencorosos y malagradecidos. ¡Pero eso es comenzar a especular!

Esto sé: a Dios le encanta vindicar su Palabra. Lo hará en ese día final y habrá valido la pena la espera. Dios guarda lo mejor para el final.

Lo espero con ansias. Y también me espanta hasta la muerte.

Que la gracia del Dios todopoderoso —Padre, Hijo y Espíritu Santo— sea suya ahora y para siempre. Amén.

Notas

CAPÍTULO 1
¿MÁS BENEFICIOS DE DIOS O MÁS DE DIOS?

1. Rolfe Barnard, "Your God vs. the Bible's God" [Su Dios contra el Dios de la Biblia], sermón, Ashland, Kentucky, 29 de septiembre de 1964, https://www.sermonaudio.com /sermoninfo.asp?SID=622121652232.

2. "¡Oh Tú bueno omnipotente, quien cuidas de tal manera por cada uno de nosotros, como si cuidarás solo de Él, y así de todos, como si fueran solo uno!", San Agustín, *The Confessions of Saint Augustine* [Las confesiones de San Agustín], traducción libre, E. B. Pusey (Gutenberg Project, junio de 2002), https://www.gutenberg. org/files/3296/3296 -h/3296-h.htm.

CAPÍTULO 2
¿MÁS ACERCA DE DIOS O MÁS DE DIOS?

1. Bernardo de Claraval, "Jesus, the Very Thought of Thee" [Jesús, el solo pensar en ti], traducción libre. Edward Caswall, Hymntime.com, consultado el 1 de agosto de 2018, http://www. hymntime.com/tch/htm/j/t/v/jtveryth.htm.

2. Eliza E. Hewitt, "More About Jesus" [Más acerca de Jesús], 1887, Timeless Truths [Verdades intemporales], consultado el 19 de septiembre de 2018, https://library.timelesstruths.org/music/More_ About_Jesus/.

3. A. Katherine Hankey, "I Love to Tell the Story" [Me encanta contar la historia], 1866, Hymntime.com, consultado el 19 de septiembre 2018, http://www.hymntime.com/tch /htm/i/l/t/ilttts.htm.

4.   A. Katherine Hankey, "Tell Me the Old, Old Story" [Déjame contar la antigua, antigua historia] 1866, Hymntime.com, consultado el 19 de septiembre de 2018, http://www
.hymntime.com/tch/htm/t/e/l/l/tellmoos.htm.

5.   PassItOn.com, s.v. "Andrew Bennett," consultado el 19 de septiembre de 2018, https://www.passiton.com
/inspirational-quotes/6679-the-longest-journey-you-will-ever
-take-is-the.

6.   Blue Letter Bible, s.v. "*makarios*," consultado el 3 de agosto de 2018, https://www.blueletterbible.org/lang/lexicon
/lexicon.cfm?Strongs=G3107&t=KJV.

Capítulo 3
Nuestra prioridad inmutable

1.   Grace Quotes, s.v. "Jonathan Edwards" consultado el 19 de septiembre de 2018, https://gracequotes.org/author
-quote/jonathan-edwards/.

2.   "John Lennon Sparks His First Major Controversy" [John Lennon enciende su primera gran controversia] A&E Television Networks LLC, consultado el 3 de agosto de 2018, https://www.
history.com/this-day-in-history/john-lennon
-sparks-his-first-major-controversy.

Capítulo 4
Aceptemos nuestras limitaciones

1.   John Calvin, *Calvin: Institutes of the Christian Religion* [Calvino: Institución de la religión cristiana], ed. John T. McNeill (Louisville, KY: Westminster John Knox Press, 2006), https://books.
google.com/books?id=0aB1BwAAQBAJ
&pg. Busque la versión en español.

2.   Agustín, *The Confessions of Saint Augustine* [Las confesiones de San Agustín].

3. Richard Baxter, "Ye Holy Angels Bright" [Santos ángeles, brillen], consultado el 2 de agosto de 2018, https://hymnary.org/ hymn/CAH2000/755.

CAPÍTULO 5
LA GLORIA

1. William M. Greathouse, *The Fullness of the Spirit* [La llenura del Espíritu] (Kansas City, MO: Nazarene Publishing House, 1958), https://www.whdl.org/sites/default/files /publications/THE%20FULLNESS%20OF%20THE%20SPIRIT.pdf.

2. "He Sees All You Do" [Él ve todo lo que hace], consultado el 2 de agosto de 2018, https://hymnary.org/text /he_sees_all_you_do#instances.

CAPÍTULO 6
LA SUPERESTRUCTURA

1. William Martin, *A Prophet With Honor: The Billy Graham Story* [Un profeta con honor: La historia de Billy Graham] (Grand Rapids, MI: Zondervan, 2018), 36, https://www.amazon.com/ Prophet-Honor-Billy-Graham-Story/dp /B004HOV0CW.

2. *Ohio Archaeological and Historical Publications* [Publicaciones arquológicas e históricas de Ohio], vol. 12 (Columbus, OH: Ohio Archaeological and Historical Society [Sociedad Arqueológica e Histrórica], 1903), 244-251, https://books.google. com/books?id=pj8-AQAAMAAJ&pg.

3. "God in America—People & Ideas: James Finley" [Dios en los EE. UU.: Personas e ideas: James Finley] WGBH Educational Foundation, consultado el 10 de octubre de 2018, http://www.pbs. org/godinamerica/people/james-finley.html.

4. Dallas Bogan, "History of Campbell County, Tennessee" [La historia del condado Campbell, Tennessee] TNGenNet, consultado el 10 de octubre de 2018, https://www .tngenweb.org/campbell/hist-bogan/bible.html.

5. "Dios usa la codicia para impulsar a los hombres al matrimonio, la ambición a la oficina, la avaricia a tener ingresos y el temor a la fe". Citado en Roland H. Bainton, *Here I Stand: A Life of Martin Luther*[Que opino: La vida de Martín Lutero](Nashville, TN: Abingdon Press, 1978), 302, https://books.google.com/books?id=thoxAAAAQBAJ&q.

6. Como fue citado en Warren W. Wiersbe, *The Wiersbe Bible Commentary* [Comentario bíblico Wiersbe] (Colorado Springs, CO: David C. Cook, 2007), 632, https://books.google.com/books?id=Sn18qwyJw9QC&pg.

7. *Luther's Works: Word and Sacrament I* [Las obras de Lutero: Palabra y sacramento I], vol. 35 (Philadelphia: Fortress, 1960), 395-397.

8. Jenn, "8 Types of Gossip, 26 Bible Verses" [8 tipos de chisme, 26 versículos bíblicos] *Going by Faith* [Andar por fe](blog), 2 de mayo de 2012, http://goingbyfaith.com/types-of-gossip/.

CAPÍTULO 7
DIGNIFICAR LA PRUEBA

1. Frances R. Havergal, "Like a River Glorious" [Como un glorioso río] Hymnary.org, 1874, https://hymnary.org/hymn/HTLG2017/page/251.

2. Blue Letter Bible, s.v. "*peirasmos*," consultado el 15 de octubre de 2018, https://www.blueletterbible.org/lang/lexicon/lexicon.cfm?t=kjv&strongs=g3986.

3. Blue Letter Bible, s.v. "*parapiptō*," consultado el 15 de octubre de 2018, https://www.blueletterbible.org/lang/lexicon/lexicon.cfm?t=kjv&strongs=g3895.

4. "How Firm a Foundation" [Cuán firme fundamente], Hymnary.org, 1787, https://hymnary.org/hymn/LSB2006/728.

Capítulo 8
Perdón total

1. John F. Kennedy, Bill Adler, ed., *The Uncommon Wisdom of JFK* [La sabiduría poco común de JFK] (New York: Rugged Land, 2003), 194, https://books.google.com/books?id=ko93AAAAMAAJ& dq=the+uncommon+wisdom+of+jfk&focus=searchwithinvolume&q =forgive+your+enemies.

Capítulo 9
Disciplina personal

1. Michael W. Chapman, "Rev. Graham: Secularists Are 'Anti-Christ' and 'They've Taken Control of Washington,'" [Rev. Graham: los secularistas son "anticristos" y "han tomado el control de Washington"] CNSNews.com (blog), 30 de enero de 2015, https:// www.cnsnews.com/blog/michael-w-chapman /rev-graham-secularists-are-anti-christ-and-they-ve-taken -control-washington,

2. William Walford, "Sweet Hour of Prayer" [La dulce hora de la oración], Hymnary.org, 1845, https://hymnary.org /hymn/BH2008/page/590.

3. Como fue citado en Roy B. Zuck, *The Speaker's Quote Book* [El libro de frases célebres del conferenciante] (Grand Rapids, MI: Kregel Publications, 2009).

4. Winston Churchill, "Never Give In, Never, Never, Never, 1941" [Nunca se rindan, nunca, nunca, nunca] National Churchill Museum, 29 de octubre de 1941, https://www .nationalchurchillmuseum.org/never-give-in-never-never -never.html.

Capítulo 10
La gloria que viene de Dios

1. *The Christian Library*, [Biblioteca cristiana] vol. 3-4 (New York: Thomas George Jr., 1835), 51, https://books.google .com/books?id=aOkWAQAAIAAJ&pg.

2.   D. Martyn Lloyd-Jones, *God's Ultimate Purpose: An Exposition of Ephesians 1*[EL propósito máximo de Dios: Una exposición de Efesios 1] (Grand Rapids, MI: Baker Books, 1978), 275.

3.   R. T. Kendall, *Holy Fire* [Fuego santo] (Lake Mary, FL: Charisma House, 2014) 46-47; Lloyd-Jones, *God's Ultimate Purpose*, 271.

4.   W. R. Moody, *The Life of Dwight L. Moody* [La vida de Dwight L. Moody] (New York: Fleming H. Revell, 1900), 149, https://www.amazon.com/Life-Dwight-L-Moody/dp/0916441156.